# 5 Minute Italian short stories for beginners

*A fun and easy way to learn Italian fast, with just 5 minutes a day!*

Speak Italian

© **Copyright 2019 - All rights reserved.**

The content contained within this book may not be reproduced, duplicated or transmitted without direct written permission from the author or the publisher.

Under no circumstances will any blame or legal responsibility be held against the publisher, or author, for any damages, reparation, or monetary loss due to the information contained within this book; either directly or indirectly.

Legal Notice:

This book is copyright protected. This book is only for personal use. You cannot amend, distribute, sell, use, quote or paraphrase any part, or the content within this book, without the consent of the author or publisher.

Disclaimer Notice:

Please note the information contained within this document is for educational and entertainment purposes only. All effort has been executed to present accurate, up to date, and reliable, complete information. No warranties of any kind are declared or implied. Readers acknowledge that the author is not engaging in the rendering of legal, financial, medical or professional advice.

# Contents

Introduction .................................................................................................. 5

Chapter 1 Investigatori per un giorno ................................................... 8

Chapter 2 Un regalo per Roberto ........................................................ 14

Chapter 3 Paste fresche che bontà! ..................................................... 18

Chapter 4 Viva gli sposi! ........................................................................ 23

Chapter 5 A lume di candela ................................................................ 28

Chapter 6 Una casa piena d'amore ..................................................... 34

Chapter 7 Musical all'italiana .............................................................. 40

Chapter 8 Dolcetto o scherzetto? ........................................................ 47

Chapter 9 Tradizioni di Natale ............................................................ 53

Chapter 10 Stasera cucina papà! ......................................................... 58

Chapter 11 Numeri e quantità ............................................................. 63

Chapter 12 Sorpresa allo skatepark .................................................... 68

Chapter 13 Uno zaino pieno di sogni ................................................. 73

Chapter 14 Carnevale che passione! ................................................... 79

Chapter 15 Marzo pazzerello, guarda il sole e prendi l'ombrello ..... 85

Chapter 16 Sebastiano e il burattino .................................................. 90

Chapter 17 Un altro caso per Carlo e Matteo .................................... 95

Chapter 18 La Sicilia nel cuore ........................................................... 101

Chapter 19 Enrico il postino ............................................................... 108

Chapter 20 Nessun dorma ................................................................... 113

Chapter 21 Un viaggio fantastico ........................................................................ 118

Chapter 22 La spada nella roccia ....................................................................... 125

Chapter 23 Colpo grosso in aeroporto .............................................................. 132

Chapter 24 I racconti della pineta ..................................................................... 138

Chapter 25 Ricette .............................................................................................. 144

Conclusion ........................................................................................................... 147

# Introduction

Some would say that Italian is the language of music because it is used in musical terminology and opera. Others would call it the language of love...

When you think about Italy you probably feel a sense of tradition, history, family. You imagine yourself visiting the beautiful villas and ancient palaces while tasting the most delicious dishes and incredible wine!

And how great would it be to have a nice conversation with the owner of the bed & breakfast you have carefully chosen to learn how he decided to start his business or just chat to the sales assistant during your shopping hours?

Even if many Italians can speak English, they would surely appreciate all your efforts to speak their language and it would definitely be a fulfilling experience for you to be able to learn Italian, both for your profession and your leisure.

Learning a language should always be a joy, being able to communicate with other people in our own words is the most beautiful way to express ourselves.

Needless to say that the Italian grammar is quite complex. But there is no reason for you to spend hours trying to figure out all the verb conjugations or the different tenses ending up feeling tired and frustrated.

Once you learn the basics you can then improve your knowledge simply by reading short stories in Italian, like the ones included in *Italian Short Stories for Beginners*. This way you can get a quick and informal dose of Italian language practice and enjoy yourself at the same time, just like every other time you are reading a book.

For example, take the verb **mangiare** *(to eat)*.

| | |
|---|---|
| Mangio un panino | *I am eating a sandwich* |
| Ho mangiato un panino | *I have eaten a sandwich* |
| Mangerò un panino | *I will eat a sandwich* |

As a beginner you only need to get the general sense of the phrase and understand the action of eating a sandwich. In due time you will be able to recognize the different tenses and conjugations and you will see that after reading few stories it will all come to you very smoothly and you will be able to feel comfortable in any social environment.

*Italian Short Stories for Beginners* is a collection of twenty-four appealing short stories in Italian, especially written for beginners, that you can read whenever you like, even if you do not have much time available. Reading these stories will surely assist you in growing your vocabulary and understand the meaning of many words and ways of saying commonly used in everyday life.

This is the perfect solution to improve your Italian in a relaxed way and in your own time. All the short stories are pretty entertaining and comfortable to read. The content is always different and accessible to beginners. Each chapter is short enough to enable you to finish reading what you have begun, providing the right motivation to continue and giving you a sense of achievement and feeling of progress.

A deliberated mix of tenses and verb conjugation will allow you to learn the variety of situations in the easiest way. You will have the chance to practice Italian while learning about the most typical traditions and holidays celebrated in Italy, how the Italians live, work, cook, express their feelings. You will also find details of typical dishes and different sites which may be the good inspiration to plan your trip to Italy and discover new elements you did not know about.

After each story you will find a summary in Italian and one in English to ensure you have understood what the tale is about. You might as well read the English summary before reading the story, to get the general sense of its contents.
In each story you will find plenty of words written in bold. All these words, which may be new to you, have been included in a vocabulary after the summary to help you understand their meaning.

Last but not least, you can test your level of comprehension by answering the four simple-choice questions at the end of each story.

And whenever your feel like a real taste of Italy, you can try out our two little recipes in Chapter 25! Enjoy your Spritz cocktail while you are reading the book and have a nice plate of home-made gnocchi whenever you feel like, for a complete full immersion Italian experience!

*Italian Short Stories for Beginners* is suitable for anybody who just started learning Italian and wishes to challenge themselves or whoever wants to enjoy a nice reading and grow their vocabulary in an entertaining way.

Please check our three steps recommendations for readers before you begin reading:

1. Find a quiet moment to read the story, a moment all to yourself. Start to read the story just to get the gist, not every single detail. Then go back and forth all the times you need to understand the full text and take a break whenever you feel you need to. Do not worry if you don't get all the words, this is expected and completely normal, learning a language does take time and patience.

2. We provide a good tool and many words are included in the vocabulary to help you out, but please feel free to use your own dictionary or study book. You might as well highlight or underline the words you feel more difficult and also take notes to help you remember the most important concepts.

3. You may ask other people to read with you, it can be fun and most helpful to read with family or friends willing to learn a new language together. Every story has dialogues and it could be a nice idea to learn them and play the story out just like you were performing at the theatre.

*Italian Short Stories for Beginners* has been written to support you as much as you need while you can enjoy your reading and learn a lot about Italian.

So now relax and enjoy your book! Have fun!

# Chapter 1
## Investigatori per un giorno

Carlo ha 9 anni e Matteo è un anno più grande. Sono **cugini** e **frequentano** la stessa **scuola elementare** nel piccolo paese di Paperapiccola. Fin da piccoli hanno **trascorso** gran parte delle vacanze estive in campagna, a casa di nonna Maria, dove potevano giocare in giardino e **dare una mano** con le **galline**.

Le **uova** fresche di nonna Maria sono sempre state speciali e utilizzate da tutte le **casalinghe** della zona per preparare **pasta fresca** e dolci **deliziosi**.

Quest'anno la nonna ha deciso di **assegnare** un **compito** importante ai suoi nipoti: Carlo e Matteo dovranno **contare** tutte le uova e **prendere nota** di quante ne vengono vendute ogni giorno così potranno **esercitarsi** con la matematica e aiutare nonna Maria a **tenere i conti**.

"Bambini avete finito di fare i **conteggi**?" chiede la nonna ai due nipoti.

"Certo nonna, siamo stati velocissimi!" rispondono Carlo e Matteo "Adesso andiamo a giocare con il **pallone**, va bene?"

"Va bene, va bene…siete stati bravi e vi **meritate** un po' di **svago**, vi aspetto all'ora di **merenda**!"

Quando Carlo e Matteo **tornano** a casa per fare merenda, nonna Maria li accoglie con una **squisita torta di mele** e con una domanda:

"Come mai **mancano** sei uova dalla vostra lista? Per caso vi siete **sbagliati** a contare?" chiede la nonna.

"Ma no nonna, siamo stati molto **attenti!**"

"Va bene, nessun problema, domani però dovrete **prestare maggiore attenzione**."

Il giorno seguente Carlo e Matteo si **rimboccano le maniche** intenzionati ad **evitare** qualsiasi errore…Ma a fine giornata, ancora una volta, i conti non tornano…Com'è possibile? I bambini sono sicuri di avere contato bene, di avere messo tutte le uova in **dispensa** e di avere scritto tutto con precisione. E se si trattasse di un ladro?

"Dobbiamo assolutamente **risolvere** il **mistero** delle uova **scomparse**" dice Carlo a suo cugino Matteo "domani ci **nascondiamo** in dispensa e vediamo cosa succede."

Appena svegli i due cugini vanno a contare le uova e le **mettono** nel solito posto, nascondendosi dietro la **tenda** e aspettando **pazientemente**. Dopo appena un'ora di attesa vedono entrare la signora Caterina, **vicina di casa** della nonna e sua amica da moltissimi anni. Caterina si avvicina al cesto delle uova, ne nasconde alcune nella sua borsa ed esce **velocemente** dalla stanza.

"Ma allora era vero! Si trattava veramente di un ladro!" esclama Carlo.

"La signora Caterina è una cara amica della nonna, perché dovrebbe **rubare** le uova?" risponde Matteo.

Intenzionati a **svelare** l'**arcano**, i due bambini seguono la signora Caterina fino a casa e bussano alla sua porta con molta decisione.

"Signora Caterina perdoni il **disturbo**, ma sappiamo che ha rubato le uova della nonna e vorremmo sapere perché!"

Con molto **imbarazzo** la signora Caterina invita i due bambini ad entrare in casa per spiegare la situazione.

"Sono **mortificata**, purtroppo mio marito è molto **malato** e non può lavorare. Appena starà meglio e riprenderà a **guadagnare** restituirò tutti i soldi delle uova rubate a vostra nonna."

"Non ci sono problemi Signora Caterina" rispondono i bambini "avvisiamo subito anche la nonna."

E da quel giorno nonna Maria chiese ai due nipoti di portare delle uova e un po' di pane fresco alla sua amica Caterina, perché gli amici si vedono nel momento del **bisogno** e si sa che **chi trova un amico trova un tesoro**…

# Riassunto della storia

Carlo e Matteo sono due cugini che durante le vacanze estive vivono a casa di nonna Maria, dove possono giocare e aiutare la nonna. Il loro compito quest'anno è di contare le uova ogni giorno, prendendo nota di quante vengono vendute. Ma un giorno i conti non tornano e i due bambini decidono di indagare per scoprire dove finiscono le uova. Nascosti in dispensa vedono la vicina di casa che mette delle uova in borsa e scappa via. Quando Carlo e Matteo chiedono spiegazioni, la signora Caterina spiega con molto imbarazzo di trovarsi in un momento di difficoltà economica a causa della malattia del marito e la nonna Maria decide di aiutare la sua amica.

# Summary of the story

Carlo and Matteo are cousins. During summer holidays they live with their grandma Maria where they can both play and help her with daily chores. Their main task this year is to count the eggs every day, taking good note of the ones being sold. But one day some eggs are missing, and the two kids decide to investigate to unravel the mistery. Hidden in the pantry they see their neighbour coming in and putting few eggs in her bags before disappearing. When Carlo and Matteo go to her house to question her, an embarrassed Mrs Caterina explains that she has been struggling financially due to her husband illness. This is a reason good enough for grandma Maria to help her dear friend until better days come along.

# Vocabulary

- **Cugino:** Cousin
- **Frequentare:** Attend
- **Scuola elementare:** Primary school
- **Trascorrere:** Spend
- **Dare una mano:** Help out
- **Gallina:** Hen
- **Uova:** Eggs

- **Casalinga:** Housewife
- **Pasta fresca:** Fresh pasta
- **Delizioso:** Delicious
- **Assegnare:** Assign
- **Compito:** Task
- **Contare:** To count
- **Prendere nota:** Take note
- **Esercitarsi:** Practice
- **Tenere i conti:** Keep accounts
- **Conteggio:** Count
- **Pallone:** Soccer ball
- **Meritare:** Deserve
- **Svago:** Leisure
- **Merenda:** Afternoon snack
- **Tornare:** Go back
- **Squisita:** Delicious
- **Torta di mele:** Apple pie
- **Mancare:** Miss
- **Sbagliato:** Wrong
- **Attento:** Careful (to pay attention)
- **Prestare maggiore attenzione:** To pay more attention
- **Rimboccarsi le maniche:** Roll up the sleeves
- **Evitare:** Avoid
- **Dispensa:** Pantry
- **Risolvere:** Solve
- **Mistero:** Mistery
- **Scomparso:** Disappeared
- **Nascondersi:** To hide
- **Mettere:** To put
- **Tenda:** Curtain
- **Pazientemente:** Patiently
- **Vicina di casa:** Neighbour
- **Velocemente:** Quickly
- **Rubare:** Steal
- **Svelare:** Unravel

- **Arcano:** Mistery
- **Disturbo:** Bother
- **Imbarazzo:** Embarrassement
- **Mortificata:** Mortified
- **Malato:** Ill
- **Guadagnare:** Earn
- **Bisogno:** Need
- **Chi trova un amico trova un tesoro:** Who finds a friend, finds a treasure

# Questions about the story

*Please choose only one answer for each question*

### 1) Quale scuola frequentano Carlo e Matteo?
   a. Scuola superiore
   b. Scuola elementare
   c. Asilo
   d. Università

### 2) La nonna assegna un compito ai nipoti. Quale?
   a. I bambini devono giocare con il pallone
   b. I bambini devono pescare nel fiume
   c. I bambini devono studiare
   d. I bambini devono contare le uova

### 3) Qual'è il gioco preferito di Carlo e Matteo?
   a. Giocare a pallone
   b. Il biliardo
   c. Correre in bicicletta
   d. Giocare a carte

### 4) Dove si nascondono i due cugini?
   a. In cantina
   b. In soffitta
   c. Nella dispensa
   d. In giardino

## Answers

1) B
2) D
3) A
4) C

# Chapter 2

## Un regalo per Roberto

Giovanni ha 32 anni e lavora in un'**agenzia di pubblicità**. Si trova bene con tutti i **colleghi** e spesso escono insieme per bere qualcosa dopo l'**orario di lavoro**. Oggi è un giorno speciale perché è il **compleanno** di Roberto, il **direttore creativo** dell'agenzia. Tutti **insieme** hanno deciso di **organizzare** una piccola **festa** in ufficio all'**ora di pranzo** per festeggiare l'evento.

"Giovanni **aiutami**! Ho **dimenticato** di **comprare** un **regalo** per Roberto!"
"Non ci sono problemi Michele, fammi **pensare** a una soluzione" risponde subito Giovanni.

Michele è sempre il più **sbadato** mentre Giovanni è molto bravo a **risolvere** ogni problema ed è sempre molto disponibile.

"Guarda, ho qui una scatola di **cioccolatini al latte** che tengo da parte per le **giornate** più **pesanti**. A Roberto piace solo la **cioccolata fondente**, ma sono sicuro che **apprezzerà** il **pensiero**."

Così Giovanni tira fuori dal cassetto della **carta** colorata e prepara un **pacchetto regalo**. Michele lo **ringrazia**:

"Grazie infinite Giovanni! Sei **il migliore**! Non so cos'avrei fatto senza di te!"

All'ora di pranzo tutti i colleghi si **riuniscono** per la festa e per **fare gli auguri** a Roberto. Dopo il **brindisi** e una bella fetta di torta, Michele si **avvicina** a Roberto per dargli la scatola di cioccolatini.

"**Buon compleanno** Roberto!" esclama Michele con un **sorriso**.
"Grazie di cuore Michele" risponde Roberto iniziando a **scartare** il regalo. "Sei stato davvero molto gentile".

Quando Roberto vede che si tratta di cioccolatini al latte, ringrazia di nuovo Michele e li mette da parte.

E quando la **festa** è **finita**, Roberto si avvicina a Giovanni, **senza** farsi vedere da Michele, **tenendo** in mano la scatola di cioccolatini e gli dice:

"A te piacciono i cioccolatini al latte, vero? Michele è stato molto **gentile**, ma a me piace solo la cioccolata fondente, te li regalo **volentieri**"

"Ti ringrazio Roberto, apprezzo moltissimo!" risponde Giovanni sorridendo, felice di avere **recuperato** la sua scatola di cioccolatini e avere fatto un **favore** al collega...

## Riassunto della storia

Giovanni e Michele sono colleghi e lavorano insieme in un'agenzia di pubblicità. Oggi è il compleanno di Roberto, il direttore creativo dell'agenzia, ma Michele ha dimenticato di acquistare un regalo. Per risolvere il problema Giovanni incarta la sua scatola di cioccolatini al latte e Michele la regala a Roberto. Purtroppo Roberto mangia solo cioccolata fondente, così regala a Giovanni i cioccolatini e tutti sono contenti.

## Summary of the story

Giovanni and Michele are colleagues and they work together at an advertising agency. Today is Roberto's birthday but Michele has forgotten to purchase his gift. To solve the problem Giovanni wraps up his box of milk chocolates so that Michele can give it to Roberto as his present. But Roberto only likes dark chocolate, so he gives the box as gift to Giovanni and everybody is happy.

## Vocabulary

- **Agenzia di pubblicità:** Advertising agency
- **Colleghi:** Colleagues
- **Orario di lavoro:** Working hours
- **Compleanno:** Birthday
- **Direttore creativo:** Creative director
- **Insieme:** Together

- **Organizzare:** Organize
- **Festa:** Party
- **Ora di pranzo:** Lunchtime
- **Aiutami:** Help me
- **Dimenticare:** To forget
- **Comprare:** To buy
- **Regalo:** Gift / Present
- **Pensare:** Think
- **Sbadato:** Forgetful
- **Risolvere:** Solve
- **Cioccolatini al latte:** Milk chocolates
- **Giornata:** Day
- **Pesante:** Heavy
- **Cioccolata fondente:** Dark chocolate
- **Apprezzare:** To appreciate
- **Pensiero:** Thought
- **Carta**: Paper
- **Pacchetto regalo:** Gift wrapped
- **Ringraziare:** To thank
- **Il migliore:** The best
- **Riunire:** To get together
- **Fare gli auguri:** Say happy birthday
- **Brindisi:** Toast
- **Avvicinarsi:** To get close to
- **Buon compleanno:** Happy Birthday
- **Sorriso:** Smile
- **Scartare:** To unwrap
- **Festa:** Party
- **Finita:** Over
- **Senza:** Without
- **Tenendo (verb tenere):** To keep
- **Gentile:** Kind
- **Volentieri:** Gladly
- **Recuperare:** To retrieve
- **Favore:** Favor

# Questions about the story

*Please choose only one answer for each question*

**1) Dove lavora Giovanni?**
    a. In un negozio di scarpe
    b. Al supermercato
    c. In un'agenzia di pubblicità
    d. In una palestra in centro

**2) Chi è il direttore creativo dell'azienda?**
    a. Michele
    b. Roberto
    c. Giovanni
    d. Tutti e tre

**3) Quale cioccolata preferisce Roberto?**
    a. Cioccolata al latte
    b. Cioccolata bianca
    c. Cioccolata con le nocciole
    d. Cioccolata fondente

**4) A che ora si svolge la festa?**
    a. All'ora di pranzo
    b. All'ora di cena
    c. La mattina
    d. Nel pomeriggio

## Answers

**1)** C
**2)** B
**3)** D
**4)** A

# Chapter 3

## Paste fresche che bontà!

Ogni **mattina** il signor Michele si **sveglia prestissimo** per preparare le sue **paste** deliziose. Paste con la **glassa**, con la **panna montata**, con la **crema pasticcera**, con la **cioccolata**. Una varietà infinita che fa venire l'**acquolina in bocca**!
Fin da piccolo ha lavorato nella **pasticceria di famiglia** e da qualche anno ne è diventato **proprietario**. Ogni giorno, quando le paste sono pronte, Michele si occupa delle **consegne** in giro per la città, preparando personalmente tutti i **sacchetti** per i vari **destinatari**.

Michele sale sul suo **furgone** e inizia il giro. Ma quando si **ferma** in Via Romana 52, ogni mattina trova ad **attenderlo** un delizioso **cagnolino** che aspetta **pazientemente** il suo arrivo.

"Buongiorno Filippo! **Come stai** oggi? Hai aspettato molto?"

"Bau Bau!" risponde il cane Filippo, dando il **benvenuto** a Michele e alle sue paste appena **sfornate**.

Michele apre lo **sportello** del **furgone** e tra tutti i sacchetti Filippo sa subito quale può **prendere**. Il sacchettino di carta bianca, quello speciale che il pasticcere prepara tutte le mattine con la **massima cura** per suo papà Fabrizio.

Filippo **addenta** la **busta** e **corre** veloce su per le scale. **Primo, secondo, terzo, quarto, quinto piano!** Arrivato! E qui lo aspetta il suo **padrone** per fare insieme una dolcissima **colazione**.

Eh sì, ormai Fabrizio è **anziano** e ha **insegnato** tutti i **trucchi** del **mestiere** a suo figlio Michele. E da qualche anno ha deciso di **trasferire** a lui l'**attività** e **godersi** la **meritata pensione**.

E Filippo? Filippo è il suo amico più **fidato**, il suo cagnolino **affettuoso**, e soprattutto il suo più valido **collaboratore**! Come potrebbe **fare a meno** di lui e di quelle paste deliziose?

"Bravo Filippo! Ora prendi una pasta e facciamo colazione!" esclama Fabrizio **coccolando** il suo carissimo cagnolino...

## Riassunto della storia

Michele è pasticcere da tanti anni, ha lavorato sin da piccolo nella pasticceria di famiglia e ogni mattina prepara delle paste deliziose da consegnare alle varie pasticcerie della città. Ma la fermata più importante è quella in Via Romana 52, dove il cagnolino Filippo lo aspetta per portare le paste fresche al papà di Michele che ormai si gode la meritata pensione.

## Summary of the story

Michele has been a pastry chef for many years, he has worked since he was a kid in the family pastry shop and now he bakes his delicious pastries every morning and delivers them to all the shops in town. But the most important stop is the one at Via Romana 52, where the little dog Filippo awaits for him to bring the fresh pastries to his owner Fabrizio. Fabrizio is Michele's dad and he is finally enjoying his well-deserved retirement.

## Vocabulary

- **Mattina:** Morning
- **Svegliarsi:** To wake up
- **Prestissimo:** Very early
- **Pasta:** Pastry
- **Glassa:** Icing
- **Panna montata:** Whipped cream
- **Crema pasticcera:** Custard cream
- **Cioccolata:** Chocolate
- **Acquolina in bocca:** Mouth watering

- **Pasticceria di famiglia:** Family pastry shop
- **Proprietario:** Owner
- **Consegna:** Delivery
- **Sacchetto:** Paper bag
- **Destinatario:** Recipient
- **Furgone: Truck**
- **Ferma (verb fermare):** To Stop
- **Attenderlo (verb attendere):** To wait
- **Cagnolino:** Little dog
- **Pazientemente:** Patiently
- **Come stai?:** How are you?
- **Benvenuto:** Welcome
- **Sfornate:** Fresh out of the oven
- **Sportello:** Truck door
- **Prendere:** To take
- **Massima cura:** Maximum care
- **Addenta (verb addentare):** To bite into
- **Busta:** Bag
- **Corre (verb correre):** To run
- **Primo:** First
- **Secondo:** Second
- **Terzo:** Third
- **Quarto:** Fourth
- **Quinto:** Fifth
- **Piano:** Floor
- **Padrone:** Master / Dog's owner
- **Colazione:** Breakfast
- **Anziano:** Elderly
- **Insegnato (verb insegnare):** To teach
- **Trucco:** Trick
- **Mestiere:** Craft
- **Trasferire:** To transfer
- **Attività:** Business
- **Godersi (verb godere):** Enjoy
- **Meritata pensione:** Well-deserved retirement

- **Fidato:** Faithful
- **Affettuoso:** Loving
- **Collaboratore:** Collaborator
- **Fare a meno:** To do without
- **Coccolando (verb coccolare):** To Pamper

# Questions about the story

*Please choose only one answer for each question*

**1) Che lavoro fa Michele?**
    a. Il meccanico
    b. Il pasticcere
    c. Il dottore
    d. Il cuoco

**2) Chi è Filippo?**
    a. Un segretario
    b. Un poliziotto
    c. Un cane
    d. Un bambino

**3) A quale piano abita il papà di Michele?**
    a. Al secondo piano
    b. Al quarto piano
    c. Al terzo piano
    d. Al quinto piano

**4) Come trascorre le giornate Fabrizio?**
    a. Si gode la meritata pensione
    b. Si allena per la maratona
    c. Lavora in pasticceria
    d. Gestisce un bar in centro

# Answers

1) B
2) C
3) D
4) A

# Chapter 4

# Viva gli sposi!

**Domani** sarà un giorno importante per Margherita. **Finalmente partirà** per il suo primo **viaggio di lavoro**, tre giorni nella bellissima Toscana per **organizzare** lo splendido **matrimonio** di suo zio Arturo e la sua **fidanzata** Giovanna. Lo zio non aveva mai voluto **sposarsi**, ma quando ha **incontrato** Giovanna durante un **viaggio** in Zanzibar, si è **innamorato** e le ha fatto la **proposta** dopo pochissimi mesi.

**Improvvisamente** suona il telefono. Margherita risponde, è lo zio Arturo.

"Ciao zio, **siete pronti** al grande evento? Io arrivo domani con il treno di **mezzogiorno**, vedrai che sarà tutto bellissimo!"

"Ciao nipote, **tutto bene**, siamo felicissimi e ti aspettiamo, fai buon viaggio!"

Il giorno **seguente** Margherita sale sul treno molto emozionata, **non vede l'ora** di arrivare a destinazione nella splendida villa nella **campagna fiorentina** dove si terrà il matrimonio. Il periodo è perfetto, a metà **primavera** le temperature sono già **calde** e tutti gli **alberi** sono **in fiore**, uno spettacolo della natura.

"Margherita! finalmente sei arrivata! Abbiamo un **grosso** problema, l'**abito da sposa** di Giovanna non è stato **consegnato** e non arriverà prima della **prossima settimana**!" esclama preoccupato lo zio Arturo.

"**Non preoccuparti** zio, questo è il mio **lavoro**, faccio due **telefonate** e **sistemo** tutto!" risponde Margherita con tono deciso.

Margherita è **abituata** alle emergenze, con i matrimoni ci sono sempre **imprevisti** da risolvere e bisogna sempre **trovare** una soluzione in poco tempo. Ma l'abito della sposa è fondamentale, un problema che **richiede** molta attenzione.
Mentre Margherita inizia a fare le telefonate, si **avvicina** una signora.

"Signora Margherita ben arrivata, sono Maria, la **responsabile** della struttura, ci siamo parlate per telefono. Ho **sentito** che avete un grosso problema da risolvere. Forse ho la soluzione per lei. Mia figlia **si è sposata** il **mese scorso** e se vuole Giovanna può **indossare** il suo **vestito** da sposa, le farebbe piacere."

"Ma questa è una cosa fantastica!" **risponde** Margherita con tutto il suo entusiasmo.

"La ringrazio moltissimo, questa è la soluzione **perfetta**!". Margherita non avrebbe potuto chiedere di meglio, il problema è stato risolto alla perfezione e in pochissimo tempo!

**E vissero tutti felici e contenti...**

## Riassunto della storia

Margherita prende il treno per arrivare in Toscana, dove dovrà occuparsi dell'organizzazione del matrimonio di suo zio Arturo che si è innamorato di Giovanna durante un viaggio a Zanzibar.
Quando arriva a destinazione scopre che l'abito della sposa non è stato consegnato e non arriverà prima della settimana seguente.
Per fortuna la responsabile della struttura si offre di mettere a disposizione il vestito bianco indossato il mese precedente da sua figlia, e vissero tutti felici e contenti...

## Summary of the story

Margherita is a wedding planner, she takes a train to reach a destination in Tuscany as she is in charge of the organization of the wedding of her uncle Arturo who fell in love with Giovanna during a vacation in Zanzibar. When she arrives she discovers that the bride's dress has not been delivered and that it will not be available before the following week.
Luckily, the manager of the Florentine villa offers Giovanna to use her daughter's wedding dress, used the previous month, and they all lived happily ever after...

# Vocabulary

- **Domani:** Tomorrow
- **Finalmente:** Finally
- **Partirà (verb partire):** To leave
- **Viaggio di lavoro:** Business trip
- **Organizzare:** To organize
- **Matrimonio:** Wedding
- **Fidanzata:** Fiancee
- **Sposarsi:** To get married
- **Incontrato (verb incontrare):** To meet
- **Viaggio:** Trip
- **Innamorato (verb innamorare):** To fall in love
- **Proposta:** Proposal
- **Improvvisamente:** Suddenly
- **Siete pronti?:** Are you ready?
- **Mezzogiorno:** Midday / Noon
- **Tutto bene:** All right / Everything is fine
- **Seguente:** Following
- **Non vede l'ora:** Cannot wait
- **Campagna:** Countryside
- **Fiorentina:** Florentine
- **Primavera:** Spring
- **Calde:** Warm
- **Alberi:** Trees
- **In fiore:** In bloom
- **Grosso:** Big
- **Abito da sposa:** Wedding dress
- **Consegnato:** Delivered
- **Prossima:** Next
- **Settimana:** Week
- **Non preoccuparti:** Don't worry
- **Lavoro:** Job
- **Telefonate:** Phone calls
- **Sistemo (verb sistemare):** To Fix

- **Abituata:** Used to
- **Imprevisti:** Unforeseen events
- **Trovare:** To find
- **Richiede (verb richiedere):** To require
- **Avvicina (verb avvicinare):** To approach
- **Responsabile:** Person in charge
- **Sentire:** To hear (also to feel)
- **Si è sposata:** She got married
- **Mese scorso:** A month ago
- **Indossare:** To wear
- **Vestito:** Dress
- **Risponde (verb rispondere):** To answer
- **Perfetta:** Perfect
- **E vissero tutti felici e contenti:** And they all lived happily ever after

# Questions about the story

*Please choose only one answer for each question*

**1) Come si chiama la fidanzata di zio Arturo?**
    a. Margherita
    b. Giovanna
    c. Maria
    d. Sandra

**2) Dove si svolgerà il matrimonio?**
    a. In un albergo
    b. In montagna
    c. Al mare
    d. In una villa fiorentina

**3) Qual'è il grosso problema?**
    a. Il cuoco non si sente bene
    b. Gli invitati non sono arrivati
    c. L'abito da sposa non è stato consegnato
    d. Si prevede un terribile uragano

**4) Quando si è sposata la figlia di Maria?**
    a. Due mesi fa
    b. L'anno scorso
    c. Quattro anni fa
    d. Il mese scorso

# Answers

1) B
2) D
3) C
4) D

# Chapter 5

# A lume di candela

Giuseppe ha **dodici anni** e **abita** a Milano con la sua **famiglia**. Ogni volta che i suoi **genitori** devono **uscire**, lui **rimane** a casa con la babysitter Francesca, una **studentessa universitaria** di medicina.

Francesca è la babysitter perfetta perché **adora** i bambini e si **inventa** sempre dei nuovi giochi per far divertire Giuseppe.

Per il loro **anniversario di matrimonio** i genitori di Giuseppe hanno deciso di andare **fuori** a **cena** in un bel **ristorante** del **centro**. Il **tempo** è **bruttissimo**, ha **piovuto** tutto il giorno e **non sembra voler migliorare**. Ma la serata è troppo speciale e non vogliono **rimandare** la cena.

"**Fai il bravo** Giuseppe, mamma e papà **tornano presto**!" dice con voce **rassicurante** mamma Elisa.

"Va bene mamma, stai tranquilla, **buona serata**!" risponde Giuseppe.

Appena **escono** i genitori, Francesca **apparecchia** la tavola e **cucina** la cena per Giuseppe, un buonissimo **pollo arrosto** con le **patate al forno.**

"Il mio **piatto preferito**! Grazie Francesca!" esulta Giuseppe.

Mentre finiscono di mangiare, un **fulmine tremendo colpisce** il palazzo e fa **saltare** la **luce**.

"Che botta! E adesso come facciamo senza **corrente elettrica**?" chiede il bambino **spaventato**.

"Tranquillo Giuseppe, ci penso io" risponde Francesca cercando di calmare Giuseppe. "**Ricordati** che **una volta** non esisteva la corrente elettrica e si faceva tutto a **lume di candela**. Un attimo che ne trovo subito **qualcuna** e faccio un po' di luce".

**Detto fatto**, Francesca inizia ad **accendere cinque**, **dieci**, **venti** candele, e presto tutta la stanza si **riempie** di una luce **calda** e **soffusa**.

"Che bello! **Sembra** quasi di essere a **Natale** di tanti anni fa! Brava Francesca, sei grande!" **esclama** Giuseppe.

E con televisione, computer e tablet **fuori uso**, Francesca **insegna** a Giuseppe che ogni tanto è bello **fermarsi** e **riscoprire** le **tradizioni,** con calma.
Così dopo cena iniziano a **giocare a carte** e poi a monopoli, **chiacchierando** tra di loro senza **interferenze elettroniche**. Alla fine, **scelgono** un **libro** per uno e si godono questo momento **rilassante senza fretta**, come ai **tempi** dei nostri **nonni**.
Dopo poco Giuseppe si **addormenta**, **complici** il silenzio, la luce delle candele e la **lettura** del libro alla quale non era più **abituato**...

## Riassunto della storia

I genitori di Giuseppe escono fuori a cena per festeggiare il loro anniversario di matrimonio e il bambino rimane a casa con la sua babysitter Francesca. Il tempo è veramente brutto e mentre Giuseppe e Francesca finiscono di cenare,
improvvisamente un fulmine colpisce il palazzo e fa saltare la corrente elettrica. Così Francesca decide di accendere tante candele e creare un'atmosfera di altri tempi, quando non esistevano ancora la televisione e altri apparati elettronici, approfittando dell'occasione per insegnare a Giuseppe a fare le cose con calma.

## Summary of the story

Giuseppe's parents go out for dinner to celebrate their wedding anniversary and leave their son with his babysitter Francesca. The weather is really bad and while Giuseppe and Francesca finish to eat their dinner, suddenly a lightning hits the building taking out power. No better chance for Francesca to light as many candles as possible and create a warm atmosphere of other times, when television nor other electrical equipment had been invented, taking the occasion to teach Giuseppe to take things slower.

# Vocabulary

- **Ha dodici anni:** He is 12 years old
- **Abita (verb abitare):** To live
- **Famiglia:** Family
- **Genitori:** Parents
- **Uscire:** To go out
- **Rimane (verb rimanere):** To stay in
- **Studentessa universitaria:** College student
- **Adora (verb adorare):** To adore
- **Inventa (verb inventare):** To make up
- **Anniversario di matrimonio:** Wedding anniversary
- **Fuori:** Out
- **Cena:** Dinner
- **Ristorante:** Restaurant
- **Centro:** Down town
- **Tempo:** Weather
- **Bruttissimo:** Extremely bad
- **Piovere:** To rain
- **Non sembra voler migliorare:** It does not seem to get better
- **Rimandare:** Postpone
- **Fai il bravo:** Be good
- **Torniamo (verb tornare):** To get back
- **Presto:** Soon
- **Rassicurante:** Reassuring
- **Buona serata:** Enjoy your evening
- **Escono (verb uscire):** To go out
- **Apparecchia (verb apparecchiare):** To set the table
- **Cucina (verb cucinare):** To cook
- **Pollo arrosto:** Roast chicken
- **Patate al forno:** Roast potatoes

- **Piatto:** Dish
- **Preferito:** Favourite
- **Fulmine:** Lightning
- **Tremendo:** Terrible
- **Colpire:** To hit
- **Saltare:** To shut down (also To jump)
- **Luce:** Light
- **Corrente elettrica:** Electricity
- **Spaventato:** Scared
- **Ricordati (verb ricordare):** To remember
- **Una volta:** Once upon a time
- **Lume di candela:** Candle light
- **Qualcuna:** Some
- **Detto fatto:** No sooner said than done
- **Accendere:** To light
- **Cinque:** Five
- **Dieci:** Ten
- **Venti:** Twenty
- **Riempire:** To fill
- **Calda:** Warm
- **Soffusa:** Dim
- **Sembra:** It seems
- **Natale:** Christmas
- **Esclama (verb esclamare):** To Exclaim
- **Fuori uso:** Out of order
- **Insegna (verb insegnare):** To teach
- **Fermare:** To stop
- **Riscoprire:** Re-discover
- **Tradizioni:** Traditions
- **Giocare a carte: Play cards**
- **Chiacchierare:** To chat
- **Interferenze:** Interferences
- **Elettroniche: Electrical**
- **Scelgono (verb scegliere):** To Choose
- **Libro:** Book

- **Rilassante:** Relaxing
- **Senza fretta:** Leisurely
- **Tempi:** Times
- **Nonni:** Grandparents
- **Addormenta (verb addormentare):** To fall asleep
- **Complici:** Accomplices
- **Lettura:** Reading
- **Abituato (verb abituare):** To get used to

# Questions about the story

*Please choose only one answer for each question*

### 1) Cosa festeggiano i genitori di Giuseppe?
    a. Il compleanno della mamma
    b. Il nuovo lavoro del papà
    c. L'anniversario di matrimonio
    d. Le vacanze estive

### 2) Chi rimane a casa con Giuseppe?
    a. La zia
    b. Il vicino di casa
    c. Il suo gattino
    d. La babysitter Francesca

### 3) Cosa succede quando il fulmine colpisce il palazzo?
    a. Salta la corrente elettrica
    b. Si spengono i lampioni per strada
    c. Francesca inizia a urlare
    d. Giuseppe va a dormire

### 4) Come trascorrono il tempo Francesca e Giuseppe?
    a. Guardano la televisione
    b. Giocano con il computer
    c. Ascoltano musica
    d. Giocano a carte e a monopoli, poi leggono un libro

## Answers

1) C
2) D
3) A
4) D

# Chapter 6

## Una casa piena d'amore

Anna ha **trentotto** anni e **insegna** alle **scuole medie** di una cittadina in **provincia** di Perugia. I bambini l'adorano perché ha sempre un bel sorriso ed è gentile con tutti.
Il suo **compagno** Marco ha **quarantadue** anni e lavora in un'**azienda agricola** della stessa zona.
Anna e Marco sono molto **innamorati, vivono insieme** da qualche anno e un giorno vorrebbero avere dei figli.

Hanno finalmente deciso di **comprare** la loro prima casa e ogni **fine settimana** vanno **in giro** con il loro amico Tommaso che fa l'**agente immobiliare**, con l'augurio di **trovare** la **proprietà** perfetta per loro.

"**Spero** che oggi sarà la **volta** buona, abbiamo **visto** così tante case, ma **ancora** non sono **convinta**" dice Anna a Marco prima di **iniziare** il giro.

"Ho una buona **sensazione** Anna, sono sicuro che oggi la troviamo!" risponde Marco con tono positivo e **determinato**.

Dopo la **prima** visita a un **appartamento** molto moderno (e **lontanissimo** dai **desideri** della **coppia**!), Tommaso **prende** una **strada di campagna** e si ferma davanti a un **casolare** in **pietra** all'interno di un piccolo **borgo**.

"Sono sicuro che questa vi **piacerà**. Non ci **abita** più **nessuno da molto tempo**, è una casa del 1920 e avrà **bisogno** di qualche **lavoro di ristrutturazione.** Secondo me è un vero **affare** e credo sia perfetta per voi due **romanticoni**" esclama Tommaso sorridendo.
Anna e Marco si **fermano davanti al** casolare e sono **senza parole**...Uno spettacolo! La casa che avevano sempre desiderato! E quel piccolo **porticato** dove potersi **rilassare** nelle calde serate d'estate, il **pozzo** in fondo al **giardino**, gli **alberi da frutto**...Un sogno che finalmente si **avvera**...

I tre amici **entrano** e iniziano l'esplorazione. La casa ha un **sapore** semplice e **antico**, **apparteneva** alla famiglia Rossi, una famiglia di **contadini** che ha sempre lavorato per **garantire** un futuro ai loro **figli**. Da molti anni i figli si sono **trasferiti** in città dove tutto è più **comodo** e hanno deciso di **vendere** la casa dei loro **genitori**.
Una casa bellissima, un grande **salone** e una cucina con **piastrelle antiche**, due camere e un bagno con la **vasca di marmo**.

"Ehi Anna, vieni a **vedere**!" **urla** Marco tutto **emozionato**.

Sulla **parete** del salone, proprio **sopra** l'enorme **camino**, c'è una bellissima foto **in bianco e nero** dei signori Rossi davanti all'ingresso della loro casa il giorno del loro **matrimonio**. E **dietro** la foto una **dedica**:
*Alla mia bellissima Anna, nel giorno del nostro matrimonio,* **sono** *l'uomo più felice del* **mondo** *e so che la nostra casa sarà sempre* **piena** *d'amore...* **Tuo** *Marco*

Sembra incredibile, anche i signori Rossi si **chiamavano** Anna e Marco. Questo è proprio un **segno del destino**, questa casa è quella **giusta** per loro!

## Riassunto della storia

Anna e Marco sono molto innamorati e vogliono acquistare una casa insieme. Il loro amico Tommaso, agente immobiliare, li porta in giro ogni fine settimana per aiutarli a realizzare il loro sogno. Dopo avere visto molte proprietà, finalmente un giorno trovano quello che stavano cercando, un vecchio casolare appartenuto alla famiglia Rossi. Mentre esplorano la casa, sopra il camino del salone, Marco trova una vecchia foto in bianco e nero che ritrae i signori Rossi davanti alla porta di casa il giorno del loro matrimonio. Ma la sorpresa più grande è la dedica dietro alla foto, una dichiarazione d'amore che ispira Anna e Marco a vedere il loro futuro in quella bellissima casa...

## Summary of the story

Anna and Marco are very much in love and they wish to purchase a house together. Their friend Tommaso, a real estate agent, is taking the couple around every week-end to help them make their dream come true. After checking few properties, finally one day they manage to find their perfect house, an old farmhouse which belonged to the Rossi's family. While exploring the inside, just above the big fireplace in the living room, Marco finds an old black and white photo, showing Mr and Mrs Rossi in front of their farmhouse on their wedding day. But the biggest surprise is the inscription behind the picture, a declaration of love that makes Anna and Marco see their future in that beautiful home...

## Vocabulary

- **Trentotto:** Thirty-eight
- **Insegna (verb insegnare):** To teach
- **Scuole medie:** Secondary school
- **Provincia:** Province
- **Compagno:** Partner
- **Quarantadue:** Forty-two
- **Azienda agricola:** Farm
- **Innamorati:** In love
- **Vivono (verb vivere):** To live
- **Insieme:** Together
- **Comprare:** To buy / To purchase
- **Fine settimana:** Week-end
- **In giro:** Around
- **Agente immobiliare:** Real estate agent
- **Trovare:** To find
- **Proprietà:** Property
- **Spero (verb sperare):** To hope
- **Volta:** Time
- **Visto (verb vedere):** To see
- **Ancora:** Yet (also Still /Again)
- **Convinta (verb convincere):** To persuade
- **Iniziare:** To start
- **Sensazione:** Sensation / Feeling
- **Determinato:** Determined

- **Prima:** First
- **Appartamento:** Flat
- **Lontanissimo:** Extremely far
- **Desiderio:** Wish
- **Coppia:** Couple
- **Prendere:** To take
- **Strada di campagna:** Country road
- **Casolare:** Farmhouse
- **Pietra:** Stone
- **Borgo:** Hamlet
- **Piacerà (verb piacere):** To like
- **Abitare:** To live
- **Nessuno:** Nobody
- **Da molto tempo:** For a long time
- **Bisogno:** Need
- **Lavoro di ristrutturazione:** Renovation work
- **Affare:** Deal
- **Romanticoni:** Romantics
- **Fermano (verb fermare):** To stop
- **Davanti al:** In front of
- **Senza parole:** Speechless
- **Porticato:** Porch
- **Rilassare:** Relax
- **Pozzo:** Well
- **Giardino:** Garden
- **Alberi da frutto:** Fruit trees
- **Avvera (verb avverare):** To come true
- **Entrano (verb entrare):** To get in / to enter
- **Sapore:** Taste / flavour
- **Antico:** Ancient / old
- **Appartenere:** To belong
- **Contadini:** Farmers
- **Garantire:** To guarantee
- **Figli:** Children
- **Trasferire:** To relocate / to transfer

- **Comodo:** Comfortable / convenient
- **Vendere:** To sell
- **Genitori:** Parents
- **Salone:** Living-room
- **Piastrelle:** Tiles
- **Antiche:** Old
- **Vasca di marmo:** Marble bathtub
- **Vedere:** To see
- **Urlare:** To shout
- **Emozionato:** Excited
- **Parete:** Wall
- **Sopra:** Above
- **Camino:** Fireplace
- **In bianco e nero:** Black and white
- **Matrimonio:** Wedding
- **Dietro:** Behind
- **Dedica:** Inscription
- **Sono (verb essere):** To be
- **Mondo:** World
- **Piena:** Full
- **Tuo:** Yours
- **Chiamavano (verb chiamare):** To call (in this case "They were called")
- **Segno del destino:** Sign of fate
- **Giusta**: Right

# Questions about the story

*Please choose only one answer for each question*

### 1) Che lavoro fa Anna?
    a. Fa la segretaria
    b. Fa la dottoressa
    c. Fa l'insegnante
    d. Fa la decoratrice

### 2) Qual è il desiderio di Anna e Marco?
    a. Andare in vacanza
    b. Comprare una casa
    c. Affittare una casa
    d. Trasferirsi in città

### 3) Che lavoro facevano i signori Rossi?
    a. Erano contadini
    b. Erano costruttori
    c. Erano giornalisti
    d. Erano impiegati

### 4) Dove si trova la foto in bianco e nero?
    a. Sul tavolo del salone
    b. In cucina
    c. In salone sopra il camino
    d. In camera da letto

## Answers

**1) C**
**2) B**
**3) A**
**4) C**

# Chapter 7

## Musical all'italiana

Una **mattina** di una **splendida** giornata d'**Agosto**, Sandra **invita** la sua amica Angela a **prendere** un caffè a casa sua vicino al mare. Finalmente possono **godersi qualche** giorno di **ferie** e un momento tutto loro per **fare due chiacchiere**. Le due amiche hanno **viaggiato** molte volte insieme, ogni **volta** una **nuova** destinazione e una nuova avventura, spesso **accompagnate** anche dalla figlia di Angela, la **piccola** Camilla.

**Parlando** dei vari viaggi iniziano a **ricordare** la splendida vacanza che hanno fatto a New York **subito dopo** il diploma. Che città straordinaria! Quante cose da **vedere**! E quei **grattaceli** così diversi dalle piccole **case** italiane. Uno spettacolo di architettura moderna.

"Ti ricordi quel musical a Broadway? Com'era il **titolo**? Ah, sì, Cats! Meraviglioso!" **esclama** Angela con tanto entusiasmo.

"Come potrei **dimenticarlo**, è grazie a quella **serata** che ho la casa piena di **gatti**!" risponde Sandra **sorridendo.**

Eh, sì, lo **spettacolo** era stato di grande ispirazione per lei. Una volta **tornata** a casa Sandra aveva **deciso** che avrebbe **dato rifugio** ai gatti abbandonati. Insieme a suo **marito** Guido sono riusciti a salvarne **sette**, una **vera** famiglia di pelosi!

La **prima** ad **arrivare** è stata **Trottola**, detta anche **Pancina** perché **adora** le **coccole** sulla **pancia**. È una gattina molto **vivace** che non si **ferma davanti a niente**, è il vero **capo della banda**, sempre in giro per tutto il giorno, avanti e indietro.
Poi è arrivato Gigione (gatto **fifone!**), il più grosso e **maestoso**, ma anche il più **timoroso**, ha **paura della sua ombra**! **Pesa** almeno **dieci** chili e quando **scende** dal letto non ha certo il **passo felpato**!

Dopo qualche anno, è arrivato Otto, super **coccolone** e molto avventuroso, **esce** di casa la mattina e **rientra** la sera, chissà **cosa combina** tutto il giorno! Poi è stata la volta di Free, **liberata** da un **bidone della spazzatura** dove qualche persona **cattiva** l'aveva

**abbandonata**. Free è dolcissima, ha un pelo **foltissimo** e **rimane** sempre in casa, perché ha **paura** di tutti gli **esseri umani** che non siano Sandra o Guido.

**Microbo** invece si è **presentata** alla porta di casa una sera che **pioveva** molto forte, era una piccola **palla di pelo** tutta **bagnata** che miagolava **disperata**! Che tesoro! E quando cammina sembra **indossare** le **scarpe con i tacchi**, una vera signorina...

Dopo pochi giorni è arrivato anche Nico, dolcissimo **gatto tigrato** con la **coda spezzata**, molto socievole e indipendente, abituato a mangiare anche dai vicini.

E per ultimo Sabatino, trovato dai proprietari di un bar un **sabato** sera d'**inverno**, era ancora piccolo e tanto **desideroso** di trovare una casa.

"Praticamente con tutti questi gatti potresti **mettere in scena** la versione italiana del musical!" **scherza** Angela.

"**Davvero**! Immagini che simpatici a **ballare** e **cantare** tutti insieme a teatro?"

In quel preciso momento tutti i gatti iniziano a **miagolare**, come volessero dire che **sono d'accordo** a **recitare** nel musical!

Ma no! Miagolano perché le due amiche hanno chiacchierato per ore ed è arrivata l'**ora della pappa**!

"Miao, miaooooo!!! **Fai presto** mamma Sandra! Tira fuori i **croccantini** che abbiamo **fame**!!! Miaoooooo"

## Riassunto della storia

Una mattina d'agosto Sandra invita la sua amica Angela per bere un caffè e fare quattro chiacchiere nella sua casa vicina al mare.
Le due amiche hanno spesso viaggiato insieme e iniziano a ricordare un piacevole viaggio a New York fatto dopo il diploma. In particolare, parlano del musical Cats visto a Broadway, ispirazione per Sandra per accogliere gatti abbandonati a casa sua.

E mentre Sandra e Angela pensano di far recitare i suoi mici nella versione italiana del musical, tutti i cuccioli iniziano a miagolare come se volessero partecipare alla conversazione. In realtà hanno solo una gran fame perché è l'ora della pappa!!!

## Summary of the story

A morning in August Sandra invites her friend Angela to join her for a coffee and a friendly chat in her house by the sea. The two friends have travelled together many times and they start to remember a pleasant trip to New York just after their diplomas. In particular, they start talking about the musical Cats they have seen in Broadway, which inspired Sandra to give shelter to abandoned cats.
And while Sandra and Angela think about having all her cats performing in the Italian version of the musical, all pets start meowing like they wish to participate in the conversation. But in reality they are only really hungry as it is feeding time!!!

## Vocabulary

- **Mattina:** Morning
- **Splendida:** Beautiful
- **Agosto:** August
- **Invita (verb invitare):** To invite
- **Prendere:** To take (prendere un caffè: have a coffee)
- **Godere:** Enjoy
- **Qualche:** Some
- **Ferie:** Holiday / Leave
- **Fare due chiacchiere:** To have a chat
- **Viaggiato (verb viaggiare):** To travel
- **Volta:** Time
- **Nuova:** New
- **Accompagnate:** Accompanied
- **Piccola:** Small / Young
- **Parlando (verb parlare):** To talk

- **Ricordare:** To remember
- **Subito:** Immediately
- **Dopo:** After
- **Vedere:** To see
- **Grattaceli:** Skyscrapers
- **Case:** Houses
- **Titolo:** Title
- **Esclama (verb esclamare):** To exclaim
- **Dimenticarlo (verb dimenticare):** To Forget
- **Serata:** Evening
- **Gatti:** Cats
- **Sorridendo:** Smiling
- **Spettacolo:** Show
- **Tornata (verb tornare):** To go back / to return
- **Deciso (verb decidere):** To decide
- **Dare rifugio:** To give shelter
- **Marito:** Husband
- **Sette:** Seven
- **Vera:** True
- **Prima:** First
- **Arrivare:** To arrive
- **Trottola:** Spinning Top
- **Pancina:** Small tummy
- **Adora (verb adorare):** To adore
- **Coccole:** Cuddle
- **Pancia:** Tummy
- **Vivace:** Lively
- **Fermare:** To stop
- **Davanti a:** In front of
- **Niente: Nothing**
- **Capo della banda:** Gang leader
- **Fifone:** Scared
- **Maestoso:** Magnificent
- **Timoroso:** Fearful
- **Paura della sua ombra:** Afraid of his own shadow

- **Pesa (verb pesare): To weight**
- **Dieci:** Ten
- **Scende (verb scendere)**
- **Passo felpato:** Stealthy step
- **Coccolone:** Cuddly
- **Esce (verbo uscire):** To go out
- **Rientra (verb rientrare):** To come back
- **Cosa combina:** What is it up to
- **Liberata:** Released
- **Bidone della spazzatura:** Dumpster
- **Cattiva:** Bad
- **Abbandonata:** Abandoned
- **Foltissimo:** Thick
- **Rimane (verb rimanere):** To remain / to stay
- **Paura:** Fear
- **Esseri umani:** Human beings
- **Microbo:** Microbe
- **Presentata:** Showed up
- **Pioveva (verb piovere):** To rain
- **Palla di pelo:** Fur ball
- **Bagnata:** Wet
- **Disperata**: Desperate
- **Indossare:** To wear
- **Scarpe con i tacchi:** High-heeled shoes
- **Gatto tigrato:** Tabby cat
- **Coda spezzata:** Broken tail
- **Sabato:** Saturday
- **Inverno:** Winter
- **Desideroso:** Eager
- **Mettere in scena:** To stage / to play out
- **Scherzare:** To joke
- **Davvero:** Really
- **Ballare:** To dance
- **Cantare:** To sing
- **Miagolare:** To meow

- **Essere d'accordo:** To agree
- **Recitare:** To play / To act
- **Ora della pappa:** Feeding time
- **Fai presto:** Hurry up
- **Croccantini:** Kibbles
- **Abbiamo fame:** We are hungry

# Questions about the story

*Please choose only one answer for each question*

1) **Quando sono andate a New York Sandra e Angela?**
    a. Un anno fa
    b. Subito dopo il diploma
    c. Dieci anni fa
    d. La scorsa settimana

2) **Cos'ha deciso di fare Sandra dopo avere visto Cats?**
    a. Ha deciso di comprare casa
    b. Ha deciso di fare un'altra vacanza
    c. Ha deciso di tornare a scuola
    d. Ha deciso di dare rifugio ai gatti abbandonati

3) **Chi è il capo della banda?**
    a. Trottola
    b. Microbo
    c. Otto
    d. Sabatino

4) **Perché i gatti miagolano?**
    a. Hanno sonno
    b. Vogliono giocare
    c. Hanno fame
    d. Vogliono recitare

# Answers

1) B
2) D
3) A
4) C

# Chapter 8

## Dolcetto o scherzetto?

Era il 1969 **quando** il signor Lencioni **decise** di **iniziare** la **produzione dolciaria** creando la **fabbrica** di **caramelle** Chicchibuoni. Tutti compravano le caramelle Chicchibuoni perché erano fatte con ingredienti naturali dal sapore unico.

**Ben presto** vicino alla fabbrica vennero **costruite** case per le famiglie degli **operai**, **asili** e **scuole**, **negozi** e ristoranti, una **chiesa** e tutto quello che poteva servire per il bene della comunità. Con il tempo anche il paese venne **conosciuto** con il **nome** della fabbrica fino a diventare una cittadina molto **rinomata**.

In Italia la festa dei **dolci** è sempre stata il 6 **Gennaio**, cioè la festa dell'Epifania o della Befana. Ma negli ultimi anni si è **aggiunta** una nuova tradizione. Tutti i bambini del paese di Chicchibuoni vengono **invitati** a fare il **giro** della fabbrica il giorno di Halloween.

Anche Federica, la **nipote** del signor Lencioni, **partecipa** sempre all'evento insieme ai suoi **compagni di classe** tutti **mascherati**. Principesse, fatine, l' **uomo ragno** e tanti **supereroi**: la fabbrica si riempie di **mille personaggi** che giocano e ridono per tutti i corridoi, quanta **allegria**!

**Quest'anno** la ragazzina ha deciso di organizzare un piccolo **scherzo** per i suoi amici Eleonora, Carlotta, Donato e Riccardo. Un **enorme fantasma nascosto** dietro la **tenda** dell'ufficio del nonno.

"Venite ragazzi, dopo il giro della fabbrica potete **rimanere** con me nell'ufficio del nonno, ho fatto **mettere da parte** un sacco di **dolciumi** solo per noi!"

Ma quando tutti gli altri **escono** dalla fabbrica, il **guardiano chiude a chiave** tutte le porte e **inserisce l'allarme**, convinto che siano usciti tutti.

Invece Federica ed i suoi amici sono ancora nell'ufficio del nonno. Dopo lo scherzo del fantasma si sono **consolati** con una **montagna** di dolci, ridendo ancora per la **faccia spaventata** di Eleonora e Carlotta alla vista del fantasma.

"Che ne dite di **andare** al parco? Potremmo giocare un po' a **pallavolo** prima di **tornare** a casa" **propone** Riccardo a tutto il gruppo.

"Perfetto, andiamo!" rispondono gli altri.

Ma quando arrivano alla porta, si **rendono conto** di essere rimasti chiusi dentro senza alcuna possibilità di **uscita**.

"Se passiamo dalla **finestra** faremo **suonare** l'allarme e saremo sicuramente messi in **punizione**! Che facciamo?" domanda Donato **preoccupato**.

"La cosa migliore è telefonare ai nostri genitori dicendo che **restiamo** a dormire da un nostro amico, e domani all'apertura della fabbrica **usciamo**" risponde Federica.

**Trascorrere** la notte di Halloween nella fabbrica di caramelle? Che magnifica occasione! Potersi **tuffare** in montagne di dolci è il **sogno** di ogni bambino! Il gruppo è entusiasta...

Ma **improvvisamente** i ragazzi sentono una voce:

"Federica! Dove sei? Ti stiamo **cercando** da questo **pomeriggio**!" urlano i genitori della ragazzina.

"Mamma sono qui, ero rimasta chiusa dentro insieme ai miei amici, stavo per **avvisarti**!" risponde Federica con leggero **imbarazzo**.
**Che peccato**! Niente notte di Halloween in fabbrica. Ma **tutto sommato** è stata comunque una splendida avventura!

# Riassunto della storia

Federica è la nipote del signor Lencioni, fondatore della fabbrica di caramelle Chicchibuoni. Ogni anno, per Halloween, tutti i bambini sono invitati a visitare la fabbrica e questa volta Federica ha deciso di organizzare un piccolo scherzo ai suoi amici nell'ufficio del nonno. Un enorme e spaventoso fantasma nascosto dietro la tenda! Dopo lo scherzo e tanti dolcetti è l'ora di tornare a casa, ma trovano tutte le porte chiuse e decidono di trascorrere la notte nella fabbrica, abbuffandosi di dolciumi. Purtroppo, i genitori di Federica vengono a cercarla e tutti i ragazzi tornano a casa.

# Summary of the story

Federica is Mr Lencioni's niece. He is the founder of the Chicchibuoni candy factory. Every year for Halloween all children are invited to visit the factory and this time Federica has organized a small trick for her closest friends inviting them in granpa's office where a big scary ghost has been hidden behind the curtain. After the trick and many candies it is time to go home, but they realize that all doors are shut and decide to spend the night in the factory and eat more candies. Unfortunately Federica's parents come to look for her and all the group returns home.

# Vocabulary

- **Quando:** When
- **Decise (verb decidere):** To decide
- **Iniziare:** To start
- **Produzione dolciaria:** Confectionery production
- **Fabbrica:** Factory
- **Caramelle: Candies**
- **Ben presto:** Soon
- **Costruire:** To build
- **Operaio:** Worker
- **Asilo:** Kinder garden
- **Scuola:** School

- **Negozio:** Shop
- **Chiesa:** Church
- **Conosciuto:** Known
- **Nome:** Name
- **Rinomato:** Renowned
- **Dolci:** Sweets
- **Gennaio:** January
- **Aggiunta (verb aggiungere):** To add
- **Invitati (verb invitare):** To invite
- **Giro:** Tour
- **Nipote:** Niece / nephew
- **Partecipare:** To attend
- **Compagni di classe:** Classmates
- **Mascherati:** Wearing masks and costumes / to be dressed up
- **Principesse:** Princesses
- **Fatine:** Fairies
- **Uomo ragno**: Spiderman
- **Supereroi:** Superheroes
- **Mille:** Thousand
- **Personaggi:** Characters
- **Allegria:** Happiness
- **Quest'anno:** This year
- **Scherzo:** Trick
- **Enorme:** Huge
- **Fantasma:** Ghost
- **Nascosto:** Hidden
- **Tenda:** Curtain
- **Rimanere:** To stay / remain
- **Mettere da parte:** To set aside
- **Dolciumi:** Sweets
- **Escono (verb uscire):** To go out
- **Guardiano:** Guardian / keeper
- **Chiudere a chiave:** To lock
- **Inserire l'allarme:** To turn on the alarm
- **Consolati (verb consolare):** To comfort

- **Montagna:** Mountain
- **Faccia:** Face
- **Spaventata:** Scared
- **Andare:** To go
- **Pallavolo:** Volleyball
- **Tornare:** To go back / to return
- **Propone (verb proporre):** To propose / to offer
- **Rendono conto:** To realize
- **Uscita:** Way out
- **Finestra:** Window
- **Suonare:** To set off (also to ring)
- **Punizione:** Punishment
- **Preoccupato:** Worried
- **Restiamo (verb restare):** To stay / to remain
- **Usciamo (verb uscire):** To go out
- **Trascorrere:** To spend
- **Tuffare:** To dive
- **Sogno:** Dream
- **Improvvisamente:** Suddenly
- **Cercando (verb cercare):** To look for
- **Pomeriggio:** Afternoon
- **Avvisarti:** To alert / to notify
- **Imbarazzo:** Embarrassment
- **Che peccato:** What a pity
- **Tutto sommato:** All in all

# Questions about the story

*Please choose only one answer for each question*

**1) Chi ha fondato la fabbrica di Chicchibuoni?**
    a. Federica
    b. La Befana
    c. Il signor Lencioni
    d. Eleonora

**2) Cosa ha nascosto Federica dietro la tenda nell'ufficio del nonno?**
    a. Un enorme fantasma
    b. Una ragnatela
    c. Un teschio
    d. Tanti dolciumi

**3) Cosa propone Riccardo?**
    a. Di mangiare tutti i dolci
    b. Di andare in pizzeria
    c. Di leggere un libro
    d. Di andare al parco

**4) Le porte sono chiuse. Cosa decidono di fare i ragazzi?**
    a. Decidono di ballare
    b. Decidono di trascorrere la notte in fabbrica
    c. Decidono di aprire la finestra
    d. Decidono di giocare a carte

# Answers

1) C
2) A
3) D
4) B

# Chapter 9

## Tradizioni di Natale

Come per la **gran parte** del **mondo**, il Natale è una delle tradizioni più **sentite** dagli italiani. Le temperature si **abbassano** e molti **amano riunirsi attorno** al **camino acceso** o semplicemente in una caffetteria per **scambiarsi gli auguri** con le **persone più care**. Generalmente le famiglie **preparano l'albero di Natale** e il **presepe** il giorno in cui la Chiesa **festeggia l'Immacolata Concezione**, l' **otto dicembre**, giorno di festa e occasione per stare tutti insieme in **allegria**.

"Mamma finalmente è Dicembre! **Non vedo l'ora** di **addobbare** Natalino!" **esclama** felice Edoardo.

La famiglia di Edoardo **adora** festeggiare il Natale, qualche anno fa hanno **portato** a casa Natalino, un **abete** con le **radici** che viene considerato parte della famiglia. Natalino è un abete felice perché durante l'anno **abita** in **giardino** insieme alle altre **piante**, in **primavera** inizia a **riempirsi** di nuovi **germogli verdissimi**, **soffre** un po' il **caldo d'estate**, ma si **rigenera** con il fresco dell'**autunno** e le temperature più rigide dell'**inverno, preparandosi** al grande evento del Natale.

"Sì **tesoro**, tra qualche giorno addobbiamo Natalino e **facciamo** un bel presepe" risponde la mamma.

Natalino è contento di **rallegrare** la casa di Edoardo e **rendersi utile** per creare quell'atmosfera particolare **tipica** del Natale, anche se a volte è **pesante** avere **addosso** tutte quelle **luci** e **decorazioni** per un **mese intero**.

"Quest'anno ho deciso di decorare l'albero solo con **nastrini dorati eargentati**" **propone** Edoardo.

"Bravo Edoardo, idea **meravigliosa**! **In questo modo** Natalino sarà più **leggero**!" risponde la mamma.

**Sicuramente** Natalino sarà felice e come **dono** regalerà un buonissimo **profumo** d'abete che riempirà la casa di Edoardo durante tutte le **vacanze natalizie**.

## Riassunto della storia

La tradizione del Natale è molto sentita da tutti gli italiani e generalmente l'otto dicembre si preparano l'albero di Natale e il presepe. La famiglia di Edoardo da qualche anno ha portato a casa un abete con le radici, Natalino, che durante l'anno abita in giardino e per Natale viene addobbato con tante luci e palline colorate.
Quest'anno Edoardo ha scelto di utilizzare solo nastrini dorati e argentati così che il suo amico abete sarà più leggero e più felice.

## Summary of the story

Most part of Italians feel very strongly about the tradition of Christmas and usually on December 8$^{th}$ they prepare the Christmas tree and the Nativity scene. Few years ago Edoardo's family decided to bring home a real fir-tree and they named it Natalino. It lives in the garden all through the year and in December it is decorated with many lights and Christmas balls. This year Edoardo had chosen to use only golden and silver ribbons so that his tree will have to bear a lighter weight and surely it will be happier.

## Vocabulary

- **Gran parte:** Most part
- **Mondo:** World
- **Sentite (verb sentire):** To feel
- **Abbassano (verb abbassare):** To lower
- **Amano (verb amare):** To love
- **Riunirsi attorno:** To gather around
- **Camino:** Fireplace
- **Acceso (verb accendere):** To light
- **Scambiarsi gli auguri:** To exchange wishes

- **Persone più care:** Loved ones
- **Preparano (verb preparare):** To prepare
- **Albero di Natale:** Christmas tree
- **Presepe:** Nativity scene
- **Festeggiare:** To celebrate
- **Immacolata Concezione:** Immaculate conception
- **Otto:** Eight
- **Dicembre:** December
- **Allegria:** Happiness
- **Non vedo l'ora:** I can't wait
- **Addobbare:** To decorate
- **Esclama (verb esclamare):** To exclaim
- **Adora (verb adorare):** To adore
- **Portato (verb portare): To bring**
- **Abete:** Fir-tree
- **Radici:** Roots
- **Abitare:** To live
- **Giardino:** Garden
- **Piante:** Plants
- **Primavera:** Spring
- **Riempirsi (verb riempire):** To fill
- **Germoglio:** Bud
- **Verdissime:** Very green
- **Soffre (verb soffrire):** To suffer
- **Caldo d'estate:** Summer heat
- **Rigenerare:** To regenerate
- **Autunno:** Autumn / fall
- **Inverno:** Winter
- **Preparandosi (verb preparare):** To prepare (also to get ready)
- **Tesoro:** Darling / sweetie
- **Facciamo (verb fare):** To do
- **Rallegrare:** To cheer up
- **Rendersi utile:** To be helpful
- **Tipica:** Typical
- **Pesante:** Heavy

- **Addosso:** On me
- **Luci:** Lights
- **Mese:** Month
- **Intero:** Full
- **Nastrini:** Ribbons
- **Dorati:** Golden
- **Argentati:** Silver
- **Propone (verb proporre):** To propose / to suggest
- **Meravigliosa:** Wonderful
- **In questo modo:** In this way
- **Leggero:** Light
- **Sicuramente:** Surely
- **Dono:** Gift
- **Profumo:** Scent (also perfume)
- **Vacanze natalizie:** Christmas Holidays

# Questions about the story

*Please choose only one answer for each question*

### 1) Generalmente quando si prepara l'albero di Natale?
    a. 25 Aprile
    b. 8 Maggio
    c. 15 Agosto
    d. 8 Dicembre

### 2) Chi è Natalino?
    a. Il cugino di Edoardo
    b. Il papà di Edoardo
    c. L'abete
    d. Il vicino di casa

### 3) Come si sente Natalino in estate?
    a. Soffre il caldo
    b. Ha il raffreddore
    c. Ha voglia di partire per le vacanze
    d. Si sente rigenerato

### 4) Quali decorazioni utilizzerà quest'anno Edoardo?
    a. Palle di Natale
    b. Luci colorate
    c. Nastrini dorati e argentati
    d. Palle e luci colorate

## Answers

1) D
2) C
3) A
4) C

# Chapter 10

## Stasera cucina papà!

Ogni **giovedì sera** la mamma di Caterina e Nicola **frequenta** un corso di **tedesco**.
**Solitamente** il papà porta i bambini a **mangiare** in una pizzeria vicino a casa.
Stasera però hanno deciso di non **uscire** perché Nicola deve **finire** di fare i **compiti** e papà Alberto **preparerà** la **cena** per tutti.

"Che **sbadato**! Ho **dimenticato** di **fare la spesa**!" esclama Alberto appena **rientrato** dal lavoro. "Cosa posso **cucinare**?"

Alberto **inizia** ad **aprire** tutti gli **sportelli della credenza** e poi il frigorifero, le **scelte** sono veramente poche. Poi **pensa** a quando era **piccolo**, alla **nonna** che ogni **domenica metteva** in **tavola** una buonissima pasta **fatta in casa**.

"Ecco l'idea! Bastano due **uova** e un po' di **farina** e anche i bambini potranno aiutarmi, faremo una **gara**!"

Mentre Nicola finisce i compiti, Caterina **apparecchia** la tavola. Appena pronti **raggiungono** Alberto in cucina dove tutto è già **predisposto** per preparare la pasta.

Uova, farina, **mattarello** e **spianatoia**. E **soprattutto** tanto amore.

"**Pronti, attenti, via!**" esclama Alberto dando inizio alla gara.

**Ognuno indossa** un **grembiule** e inizia a **impastare** la sua parte di pasta.
Che divertimento! La farina che **vola ovunque** e tante **risate** che **riempiono** la **stanza**! E piano piano le tagliatelle **prendono vita** e tutti sono così divertiti che non pensano più alla gara! Importante è stare **insieme** e **trascorrere** una bella serata.
Appena la pasta è pronta, la fanno **cuocere** pochi minuti nell'**acqua bollente** e **aggiungono burro** e **parmigiano**. **Ottime!**
**Buon appetito!**

# Riassunto della storia

Ogni giovedì sera la mamma frequenta un corso di tedesco e i bambini Caterina e Nicola vanno a mangiare la pizza con papà Alberto. Stasera però Nicola deve finire i compiti quindi rimarranno a casa e cucinerà il papà. Purtroppo, Alberto ha dimenticato di fare la spesa e per risolvere la situazione decide di preparare la pasta fatta in casa facendosi aiutare dai bambini. Il risultato è una serata allegra e un'ottima cena per tutti!

# Summary of the story

Every Thursday evening Caterina and Nicola's mum attends a German course and the children go to a local pizzeria with their dad. But tonight Nicola has to finish his homework therefore they will all stay in leaving their dad Alberto in charge of the cooking. Unfortunately Alberto forgot to but groceries and the only solution is to prepare fresh pasta together with the kids. The final result is a very happy evening and an excellent dinner for everyone!

# Vocabulary

- **Giovedì:** Thursday
- **Sera:** Evening
- **Frequentare:** To attend
- **Tedesco:** German
- **Solitamente:** Usually / normally
- **Mangiare:** To eat
- **Uscire:** To go out
- **Finire:** To finish
- **Compiti:** Homework
- **Preparerà (verb preparare):** To prepare
- **Cena:** Dinner
- **Sbadato:** Forgetful
- **Dimenticato (verb dimenticare):** To forget

- **Fare la spesa:** Grocery shopping
- **Rientrato (verb rientrare):** To return / to get back
- **Cucinare:** To cook
- **Iniziare:** To start
- **Aprire:** To open
- **Sportelli:** Doors
- **Credenza:** Kitchen cabinet / cupboard
- **Pensare:** To think
- **Piccolo:** Small (young)
- **Nonna:** Grandma
- **Domenica:** Sunday
- **Metteva (verbo mettere):** To put
- **Tavola:** Table
- **Fatta in casa:** Home made
- **Uova:** Eggs
- **Farina:** Flour
- **Gara:** Competition
- **Apparecchiare:** To set the table
- **Raggiungono (verb raggiungere):** To get to / to reach
- **Predisposto:** Set up
- **Mattarello:** Rolling pin
- **Spianatoia:** Pastry board
- **Soprattutto:** Above all
- **Pronti, attenti, via!:** Ready, steady, go!
- **Ognuno:** Each
- **Indossare:** To wear
- **Grembiule:** Apron
- **Impastare:** To knead
- **Volare:** To fly
- **Ovunque:** Everywhere
- **Risate: Laughters**
- **Riempiono (verb riempire):** To fill
- **Stanza:** Room
- **Prendono vita (verb prendere):** To come to life
- **Insieme:** Together

- **Trascorrere:** To spend
- **Cuocere:** To cook
- **Acqua bollente:** Boiling water
- **Aggiungono (verb aggiungere):** To add
- **Burro:** Butter
- **Parmigiano:** Parmesan cheese
- **Ottime:** Excellent
- **Buon appetito:** Enjoy your meal

# Questions about the story

*Please choose only one answer for each question*

**1) Dove va la mamma ogni giovedì sera?**
    a. A cena con le amiche
    b. A teatro
    c. Al corso di tedesco
    d. Al cinema

**2) Perché stasera devono rimanere in casa?**
    a. Caterina ha la febbre
    b. Nicola deve fare i compiti
    c. I bambini sono in punizione
    d. Papà Alberto vuole guardare la partita di calcio

**3) Cosa serve per preparare la pasta fatta in casa?**
    a. La marmellata
    b. Il succo d'arancia
    c. Due chili di pane
    d. Uova e farina

**4) Che tipo di pasta preparano i bambini con papà Alberto?**
    a. Tagliatelle
    b. Spaghetti
    c. Rigatoni
    d. Linguine

## Answers

1) C
2) B
3) D
4) A

# Chapter 11

## Numeri e quantità

Questa **mattina** Pamela si è **svegliata presto**, è **una** splendida giornata di **sole** perfetta per **fare un salto** al **mercato**. Ce n'è uno molto bello **vicino** alla **stazione dei treni**, lì puoi trovare di tutto: frutta, verdura, carne, pesce, un'ottima panetteria e qualche caffetteria.

**Prima di tutto telefona** alla sua amica Simona:

"Che ne dici se passo a prenderti così andiamo a **fare due passi** al mercato?" chiede Pamela.

"Va bene, **tre** minuti e sono pronta!" risponde Simona mentre si prepara.

**In quattro e quattr'otto** le due amiche sono già per strada, **passeggiando** e **chiacchierando** serenamente del più e del meno. La giornata è veramente bellissima ed è un piacere essere **all'aria aperta**.

"**Stasera** alle **cinque** ho invitato Francesca per un **aperitivo** a casa mia, vuoi venire anche tu? Ci farebbe piacere..." dice Simona.

"**Volentieri**, mi hanno appena **regalato sei bottiglie** di **vino bianco** buonissimo, lo porto e lo **beviamo** insieme!" risponde Pamela.

Le ragazze arrivano al mercato, è un **tripudio** di profumi e colori, che atmosfera **esaltante**! Entrano in panetteria.
"Sono **sette etti**, vanno bene?" chiede il **panettiere** a Pamela.

"Facciamo un **chilo**, grazie. Il pane buono non deve **mancare**." risponde la ragazza con un bel sorriso. "Gentilmente metta anche **otto focaccine all'olio**, grazie!".

Subito dopo entrano dal **pizzicagnolo** e **acquistano mezzo chilo** di ottimo **parmigiano**, una **vaschetta** di olive e un **barattolo** di **pomodori secchi**:

"Sono **nove** euro signorina"

"**La ringrazio**, ecco qua!" risponde Simona.

"Oh, mamma! She **sbadata**! Tra **dieci** minuti devo tornare a casa che arriva l'**idraulico**! Mi ero completamente **dimenticata**!" esclama Pamela.

"Nessun problema, allora **ci vediamo più tardi** a casa mia!" risponde Simona.

E tra tanti **numeri** e **quantità**, questa storia **finisce qua**!

## Riassunto della storia

Pamela e Simona vanno al mercato vicino alla stazione dei treni per acquistare tante cose buone da gustare insieme all'ora dell'aperitivo. L'atmosfera è rilassata e le ragazze entrano nei negozi e girano per il mercato. Semplicemente una breve storia per ricordare un po' di numeri e di quantità.

## Summary of the story

Pamela e Simona go to the market near the train station to purchase few tasty things to enjoy together at Simona's house later that day. The atmosphere is relaxed and the girls get in the various shops and stroll around the market. This is just an easy short story to revise some numbers, weights and measures.

# Vocabulary

- **Mattina:** Morning
- **Svegliata (verb svegliare):** To wake up
- **Presto:** Soon
- **Una:** One
- **Sole:** Sun
- **Fare un salto:** Drop by
- **Mercato:** Market
- **Vicino:** Near
- **Stazione dei treni:** Train station
- **Prima di tutto:** First of all
- **Telefonare:** To call / to phone
- **Fare due passi:** Take a walk
- **Tre:** Three
- **In quattro e quattr'otto:** In no time
- **Passeggiando:** Strolling
- **Chiacchierando:** Talking / chatting
- **All'aria aperta:** Outdoor
- **Stasera:** This evening
- **Cinque:** Five
- **Aperitivo:** Aperitif
- **Volentieri:** Gladly
- **Regalato (verb regalare):** To give as a gift
- **Sei:** Six
- **Bottiglie:** Bottles
- **Vino:** Wine
- **Bianco:** White
- **Beviamo (verbo bere):** To drink
- **Tripudio:** Jubilation / explosion
- **Esaltante:** Exciting
- **Sette:** Seven
- **Etto:** 100 grams (approx 3/4 cups)
- **Panettiere:** Baker
- **Chilo:** Kilo

- **Mancare:** To miss
- **Otto:** Eight
- **Focaccine all'olio:** Focaccia bread with olive oil
- **Pizzicagnolo:** Grocery store
- **Acquistano (verb acquistare):** To purchase
- **Mezzo chilo:** Half kilo
- **Parmigiano:** Parmesan cheese
- **Vaschetta:** Tray
- **Barattolo:** Jar
- **Pomodori secchi:** Dried tomatoes
- **Nove:** Nine
- **La ringrazio:** Thank you
- **Sbadata:** Forgetful
- **Dieci**: Ten
- **Idraulico:** Plumber
- **Dimenticata (verb dimenticare):** To forget
- **Ci vediamo:** See you
- **Più tardi:** Later
- **Numeri:** Numbers
- **Quantità:** Quantities
- **Finisce (verb finire):** To end
- **Qua:** here

# Questions about the story

*Please choose only one answer for each question*

**1) Dov'è il mercato?**
    a. Vicino alla spiaggia
    b. In mezzo alla città
    c. Vicino alla stazione dei treni
    d. Vicino ai negozi

**2) A che ora Simona ha invitato Francesca a casa sua?**
    a. Alle tre
    b. Alle cinque
    c. Alle due
    d. Alle sei

**3) Quante focaccine hanno acquistato?**
    a. Quattro
    b. Dieci
    c. Sei
    d. Otto

**4) Perché Pamela deve tornare a casa?**
    a. Perché arriva l'idraulico
    b. Perché arriva il medico
    c. Perché arriva sua sorella
    d. Perché si è dimenticata il portafoglio

# Answers

1) C
2) B
3) D
4) A

# Chapter 12

## Sorpresa allo skatepark

**Giugno** è arrivato e **così pure** la fine della scuola, finalmente iniziano le vacanze estive! Molte mamme **lavorano** e devono organizzarsi con la nuova routine, ma sono **felici** che i loro **figli** possano fare una pausa dai **mesi** di studio e **divertirsi** all'**aria aperta**.

Martina e Susanna **abitano** in una **cittadina vicino** al **mare**. Si **vedono spesso** perché i loro figli sono **appassionati** di skateboard e **trascorrono** interi **pomeriggi** insieme allo skatepark per esercitarsi a fare le **acrobazie** su **quattro ruote**.

"Davide! Tommaso! Fate attenzione su quella rampa!" **grida** Martina con leggera apprensione.

"Sono un po' **spericolati**, ma sono bravi" risponde Susanna con tono sereno.

"Ragazzi non **correte** troppo, noi andiamo a prenderci un caffè, a dopo!".

**Salutate** le mamme, Davide e Tommaso si dedicano alle acrobazie. Ad un certo punto il loro **sguardo** si ferma su un **ragazzino seduto** da una parte, con un **cappello** da baseball **azzurro** in testa.

"Ehi tu! Perché non hai lo skate? Vuoi **provare**?" **chiede** Davide al ragazzino.

"Sono in vacanza con i miei **genitori**, lo skate si è **rotto** la **scorsa settimana** e non ne ho altri di **riserva**." risponde il ragazzino.
"Va bene, **fatti un giro** sul mio!" dice Tommaso "Io sono Tommaso, tutti mi chiamano Tommi, e tu **come ti chiami**?"

"Gli amici **mi chiamano** Giò, **piacere**..." e mentre si **presenta** prende lo skate di Tommaso e va **verso** la rampa.

Giò **scende** giù per la rampa, **prende velocità** e **risale** con estrema eleganza, sembra quasi **volare**, e giù ancora per qualche volta.

"WOW! Ma è bravissimo! Non avevo mai visto **niente di simile**!" esclama Davide.

Anche Tommaso è sorpreso ed entusiasta, il ragazzino è una **forza**!
Finite le acrobazie, Giò si avvicina ai ragazzi **ringraziandoli** per lo skate. Ma quando si **toglie** il cappello da baseball, un'esplosione di **capelli rossi** rivela la sua vera identità.

"Ma sei una ragazza"! esclamano **stupiti** i due ragazzi.

"Sì, Giò sta per Giovanna" risponde la ragazzina con un **sorriso**. "Andiamo a prendere un **gelato**? Offro io!"

Davide e Tommaso accettano volentieri l'invito, ancora sorpresi dalla **bravura** della ragazzina. Arrivati al bar incontrano Susanna e Martina che hanno assistito a tutta la scena e non riescono a contenere il loro entusiasmo:

"E bravi ragazzi, avete incontrato una **degna avversaria**! Gelato per tutti!"

## Riassunto della storia

Siamo a giugno e con l'inizio delle vacanze estive Davide e Tommaso approfittano per divertirsi con lo skateboard al parco skate. Ad un certo punto notano un ragazzino con un cappello da baseball azzurro seduto da una parte e gli chiedono se ha voglia provare il loro skate. Senza pensarci due volte, Giò si presenta e inizia a fare delle acrobazie eccezionali, lasciando Davide e Tommaso senza parole. E la sorpresa è ancora più grande quando Giò si toglie il cappello lasciando esplodere i suoi capelli rossi e rivelando di essere in realtà una ragazzina!

# Summary of the story

With the arrival of June has arrived together with summer holidays, Davide and Tommaso use the time to enjoy their skateboards at the skate park. At a certain point they see a boy wearing a blue baseball hat sitting on the side and they ask him if he wishes to try their skateboard out. Without a second thought, Giò introduces himself and starts to do exceptional stunts, leaving Davide and Tommaso speechless. And the surprise is even bigger when Giò takes the baseball hat off letting her beautiful red hair explode and revealing that she is in fact a girl!

# Vocabulary

- **Giugno:** June
- **Così pure:** Likewise
- **Lavorano (verb lavorare):** To work
- **Felici:** Happy
- **Figli:** Children
- **Mesi:** Months
- **Divertirsi:** To enjoy themselves
- **Aria aperta:** Open air / outdoors
- **Abitano (verb abitare):** To live
- **Cittadina:** Town
- **Vicino:** Near
- **Mare:** Seaside
- **Vedono (verbo vedere):** To see (si vedono: to meet)
- **Spesso:** Often
- **Appassionati:** Fond / keen
- **Trascorrono:** To spend
- **Pomeriggio:** Afternoon
- **Acrobazie:** Stunts
- **Quattro ruote:** Four-wheel
- **Grida (verb gridare):** To shout
- **Spericolati:** Reckless

- **Correte (verb correre):** To run
- **Salutate (verb salutare):** To say goodbye
- **Sguardo:** Look / glance
- **Ragazzino:** Kid
- **Seduto:** Sitting down
- **Cappello:** Hat
- **Azzurro:** Light blue
- **Provare:** To try
- **Chiedere:** To ask
- **Genitori:** Parents
- **Rotto:** Broken
- **Scorsa:** Last
- **Settimana:** Week
- **Riserva:** Backup / extra
- **Fatti un giro (verb fare):** To go for a ride
- **Come ti chiami:** What's your name
- **Mi chiamano (verb chiamare):** To call (people call me)
- **Piacere:** My pleasure / nice to meet you
- **Presentare:** To introduce
- **Verso:** Toward
- **Scendere:** To go down
- **Prendere velocità:** To pick up speed
- **Risale (verb risalire):** To go back up
- **Volare:** To fly
- **Niente di simile:** Anything like that
- **Forza:** Force
- **Ringraziare:** To thank
- **Togliere:** To take off
- **Capelli:** Hair
- **Rossi:** Red
- **Stupiti:** Astonished
- **Sorriso:** Smile
- **Gelato:** Ice-cream
- **Bravura:** Skill
- **Degna avversaria:** Worthy adversary

# Questions about the story

*Please choose only one answer for each question*

**1) Dove abitano Martina e Susanna?**
    a. In montagna
    b. In collina
    c. Vicino al mare
    d. In città

**2) Dove trascorrono i pomeriggi Davide e Tommaso?**
    a. Allo skatepark
    b. In pineta
    c. Al mare
    d. A casa

**3) Cosa indossa il ragazzino seduto da una parte?**
    a. Una sciarpa rossa
    b. Una felpa arancione
    c. Delle scarpe nere
    d. Un cappello da baseball azzurro

**4) Cosa propone di mangiare Giovanna?**
    a. Una pizza
    b. Un gelato
    c. Un hamburger
    d. Delle patatine fritte

## Answers

1) C
2) A
3) D
4) B

# Chapter 13

## Uno zaino pieno di sogni

Tutti hanno dei **sogni** che prima o poi si **augurano** di realizzare.

Vittoria e Gilberto si sono conosciuti all'**università**, si sono **fidanzati** e appena hanno trovato una casa da **affittare**, si sono **sposati**. All'**inizio** hanno dovuto fare molti sacrifici, le **spese** erano tante e lo **stipendio** non sembrava **bastare** mai. Dopo due anni, è arrivato Simone, il loro **primogenito**, un bambino dolcissimo con due grandi **occhi verdi**, e dopo altri tre anni è arrivata Eleonora, la **sorellina** tanto desiderata da Simone perché non voleva più **giocare** da solo.

"Sei **contento** Simone? Appena Eleonora sarà **più grande** potrete giocare insieme" dice Vittoria a suo figlio.

Con il **passare** degli anni i bambini sono **cresciuti**, Vittoria e Gilberto hanno continuato la loro **carriera** e **traslocato** molte volte. Adesso abitano in una casetta **appena fuori città** con un grande **giardino** e tutto lo spazio necessario per invitare gli amici il **fine settimana** per una **grigliata in compagnia**.

Simone ha già **ventitré** anni e si è trasferito in città dove **frequenta l'ultimo anno** di università mentre Eleonora è andata a **lavorare all'estero subito dopo** il diploma qualche mese fa.

Per Vittoria e Gilberto è **strano** essere a casa da soli, negli ultimi anni si sono **dedicati** completamente alla carriera e alla famiglia, e adesso possono finalmente **togliersi qualche soddisfazione**.
Un sabato pomeriggio decidono di **fare ordine** in **mansarda**, dove negli anni hanno **accumulato di tutto e di più**.

"**Guarda** Gilberto! Te lo **ricordi** questo **zaino**?" dice Vittoria al **marito**.

"Ma certamente! Lo zaino dei **viaggi** fantastici!" risponde Gilberto.

Appena fidanzati, Vittoria e Gilberto avevano acquistato una piccola **borsa da viaggio** in un **mercatino delle pulci** e avevano **scoperto** che era **appartenuta** a Friedrich, un ragazzo di Berlino che aveva **girato il mondo** per tanti anni. Si erano **promessi** di usarla ogni volta fosse stato possibile per fare un viaggio insieme e dentro la borsa c'erano ancora le **guide turistiche** di alcune **località** che avrebbero voluto visitare, insieme alla lista delle destinazioni.

"Non credevo l'avessi tenuta, **nemmeno** ricordavo che **esistesse**!" esclama Gilberto. "Questo è un **segno del destino**! Dobbiamo assolutamente fare subito un viaggio!"

"Hai proprio ragione, abbiamo **aspettato** fin troppo, qual è la prima destinazione della lista?" chiede Vittoria.

"**Indovina**...è Berlino! Avevamo detto che **saremmo partiti** dall'inizio, da dove era partito Friedrich, perché sarebbe stato di **buon auspicio**..."

Proprio così...anche se lo avevano dimenticato, lo zaino gli aveva comunque portato **fortuna** nel loro viaggio più importante, quello della **vita**...e adesso finalmente è arrivato il momento di farsi accompagnare in tutti gli altri viaggi in giro per il mondo!

## Riassunto della storia

Vittoria e Gilberto si sono conosciuti all'università e negli ultimi venticinque anni si sono dedicati alla loro famiglia e alla loro carriera. Hanno due figli ormai grandi e abitano in una casetta appena fuori città. Un sabato pomeriggio, mentre fanno ordine in mansarda, trovano un vecchio zaino che avevano acquistato in un mercatino delle pulci e decidono che è arrivato il momento di realizzare il loro sogno di viaggiare insieme per il mondo seguendo l'esempio di Frederich, il precedente proprietario dello zaino.

# Summary of the story

Vittoria e Gilberto have met at college and in the past twenty-five years they dedicated their life to their family and their career. They have one son and one daughter who are all grown-up and they live in a house just outside town. One Saturday afternoon, while they are putting the attic in order, they find an old backpack purchased in a flea market and decide it is time for them to fulfil their dream to travel together around the world, following the example of Frederich, the previous owner of the backpack.

# Vocabulary

- **Sogni:** Dreams
- **Augurare:** To wish
- **Università:** University / college
- **Fidanzati:** Engaged
- **Affittare:** To rent
- **Sposati:** Married
- **Inizio:** Beginning
- **Spese:** Expenses
- **Stipendio:** Salary
- **Bastare:** To be enough
- **Primogenito:** Firs tborn
- **Occhi:** Eyes
- **Verdi:** Green
- **Sorellina:** Baby sister
- **Giocare:** To play
- **Contento:** Happy
- **Più grande:** Older / bigger
- **Passare:** To pass
- **Cresciuti:** Grown
- **Carriera:** Career
- **Traslocato (verb traslocare):** To move
- **Appena:** Just

- **Fuori città:** Out-of-town
- **Giardino:** Garden
- **Fine settimana:** Week-end
- **Grigliata:** Barbecue
- **In compagnia:** In good company
- **Ventitré:** Twenty-three
- **Frequentare:** To attend (also to hang out with)
- **Ultimo:** Last
- **Anno:** Year
- **Lavorare:** To work
- **All'estero:** Abroad
- **Subito:** Immediately (also right away)
- **Dopo:** After
- **Strano:** Strange
- **Dedicati:** Devoted to
- **Togliersi qualche soddisfazione:** Have the satisfaction / accomplish a desire
- **Fare ordine:** Put in order
- **Mansarda:** Attic
- **Accumulato (verb accumulare):** To accumulate
- **Di tutto e di più:** Above and beyond
- **Guarda!:** Look!
- **Ricordi (verb ricordare):** To remember
- **Zaino:** Backpack
- **Marito:** Husband
- **Viaggi:** Trips
- **Borsa da viaggio:** Travel bag
- **Mercatino delle pulci:** Flea market
- **Scoperto (verb scoprire):** To discover
- **Appartenuta:** Belonged to
- **Girato il mondo (verb girare):** To travel the world
- **Promessi:** Promised
- **Guide turistiche:** Guidebook for tourists
- **Località:** Resort / place
- **Nemmeno:** Not even
- **Esistesse (verb esistere):** To exist

- **Segno del destino:** Sign of fate
- **Aspettato (verb aspettare):** To wait
- **Indovinare:** To guess
- **Saremmo partiti:** We would start
- **Buon auspicio:** Good omen
- **Fortuna:** Luck
- **Vita:** Life

# Questions about the story

*Please choose only one answer for each question*

### 1) Dove si sono conosciuti Vittoria e Gilberto?
    a. A casa di amici
    b. All'università
    c. Alla scuola elementare
    d. Alla scuola media

### 2) Cosa ha deciso di fare Eleonora subito dopo il diploma?
    a. Iscriversi all'università
    b. Comprare una casa
    c. Scrivere un libro
    d. Andare a lavorare all'estero

### 3) Cosa trovano mentre stanno mettendo in ordine in mansarda?
    a. Uno zaino
    b. Una valigia
    c. Un mobile
    d. Un tappeto

### 4) Qual è la prima città che vogliono visitare?
    a. Parigi
    b. Londra
    c. Berlino
    d. Madrid

## Answers

1) B
2) D
3) A
4) C

# Chapter 14

## Carnevale che passione!

Carnevale è da sempre **sinonimo** di **colori**, musica, **giochi** e tanta **allegria**. L'origine di questa festa tanto **amata** da **grandi** e **piccini** è veramente **singolare**.

La **parola significa** infatti "**eliminare la carne**" perché indicava il **banchetto** organizzato il giorno di **martedì grasso**, subito prima del periodo di **digiuno** della **Quaresima**.

In alcune città del mondo il carnevale viene **festeggiato** per molti giorni, addirittura un mese intero, in altre si fa festa solo il giorno di **Giovedì Grasso** o Martedì Grasso.
In ogni caso tutti i bambini non vedono l'ora di potersi **mascherare** e **trasformarsi** nei loro **eroi preferiti**, andando in giro a giocare con gli amici e mangiare dolci e **frittelle di carnevale**.

Massimiliano in particolare **attende** con trepidazione il giorno di carnevale, perché quest'anno la mamma gli ha preparato un costume da Batman spettacolare! Dopo la festa a scuola organizzata per la **mattina** di Martedì Grasso, ci sarà un'altra festa il **pomeriggio** al centro ricreativo. Un **sogno**!

Ma la sera prima di martedì grasso, la mamma deve **comunicare** una **brutta notizia**:

"**Mi dispiace tesoro**, purtroppo domani non ho potuto **cambiare** il **turno** al **lavoro** e nel pomeriggio dovrai rimanere a casa per **badare** a tuo **fratello** che è troppo piccolo per **venire** con te alla festa"

Massimiliano è veramente **dispiaciuto**, ma non vuole farlo vedere alla mamma perché sa quanti sacrifici sta facendo per tutta la famiglia.

"Va bene mamma, non ti preoccupare. Vado **comunque** alla festa della mattina a scuola e sarà già un bel **divertimento**" risponde Massimiliano.

La mamma **sente** la **delusione** di Massimiliano e senza dire niente **contatta** tutte le mamme degli amici di Massimiliano, **chiedendo** di farli venire a casa loro il pomeriggio **seguente**. Quando Massimiliano e suo fratello vanno a **dormire**, la mamma prepara dei **dolcetti** super **colorati** per il giorno dopo e riempie il **salone** con tutte le decorazioni di carnevale.

Il giorno dopo, rientrato da scuola, Massimiliano **non crede ai suoi occhi**.

"Ma che meraviglia! La festa di carnevale è qui in casa mia!"

"Blin Blon, Blin Blon!" il campanello di casa inizia a **suonare** e non **smette** più **per un'ora.**

**Uno**, **dieci**, **venti** amici di Massimiliano arrivano per continuare a festeggiare con lui il carnevale, **accompagnati** da qualche mamma.

"Viva la mamma di Massimiliano che ha preparato tanti dolcetti!" gridano **in coro** tutti gli amici.

**All'improvviso** una mamma prende una **manciata** di **coriandoli** e li **getta** in aria come fosse una **pioggia** di **carta colorata**!
"Buon carnevale a tutti!! Si sa che **a Carnevale ogni scherzo vale!**"

## Riassunto della storia

Il carnevale è una festa amata da grandi e piccini. Quest'anno Massimiliano non vede l'ora di festeggiare perché la mamma gli ha preparato un costume da Batman e potrà indossarlo per martedì grasso, sia la mattina a scuola che nel pomeriggio alla festa del centro ricreativo. Purtroppo, la mamma non può cambiare turno al lavoro e Massimiliano dovrà rimanere a casa il pomeriggio di martedì grasso per badare al fratello. Ma la mamma gli fa una sorpresa e chiama tutti i suoi amici per festeggiare carnevale a casa loro.

# Summary of the story

Carnival is a festive season loved by adults and children. This year Massimiliano can't wait to celebrate as his mom has prepared a spectacular Batman costume and he will be able to wear it both in the morning at school and in the afternoon at the community centre party. Unfortunately, his mum could not change shift at work and Massimiliano will have to remain home on Mardi Gras afternoon to look after his younger brother. But his mum decides to surprise him calling all his friends at home to celebrate the carnival together.

# Vocabulary

- **Sinonimo:** Synonym
- **Colori:** Colours
- **Giochi:** Games
- **Allegria:** Happiness
- **Amata:** Loved
- **Grandi:** Adults
- **Piccini:** Children
- **Singolare:** Peculiar
- **Parola:** Word
- **Significare:** To mean
- **Eliminare la carne:** To get rid of meat
- **Banchetto:** Feast
- **Martedì Grasso:** Mardi Gras
- **Digiuno:** Fasting
- **Quaresima:** Lent
- **Festeggiato (verb festeggiare):** To celebrate
- **Giovedì Grasso:** Shrove Thursday
- **Mascherare:** To dress up
- **Trasformarsi (verb trasformare):** To transform
- **Eroi:** Heroes
- **Preferiti:** Favourite

- **Frittelle di carnevale:** Carnival fritters
- **Attendere:** To wait
- **Mattina:** Morning
- **Pomeriggio:** Afternoon
- **Sogno:** Dream
- **Comunicare:** To inform
- **Brutta notizia:** Bad news
- **Mi dispiace:** I am sorry
- **Tesoro:** Darling / Sweetie
- **Cambiare:** To change
- **Turno:** Shift
- **Lavoro:** Work
- **Badare:** To look after
- **Fratello:** Brother
- **Venire:** To come
- **Dispiaciuto:** Disappointed
- **Comunque:** Anyway
- **Divertimento:** Fun
- **Sente (verb sentire):** To feel
- **Delusione:** Disappointment
- **Contattare:** To contact
- **Chiedendo:** Asking
- **Seguente:** Following
- **Dormire:** Sleep
- **Dolcetti:** Sweets / cake
- **Salone:** Living room
- **Non crede ai suoi occhi:** He can't believe his eyes
- **Suonare:** To ring
- **Smettere:** To stop
- **Per un'ora:** For an hour
- **Uno:** One
- **Dieci:** Te
- **Venti:** Twenty
- **Accompagnati:** Accompanied
- **In coro:** In chorus

- **All'improvviso:** Suddenly
- **Manciata:** Handful
- **Coriandoli:** Confetti
- **Gettare:** To Throw
- **Pioggia:** Rain
- **Carta colorata**: Coloured paper
- **A Carnevale ogni scherzo vale:** Anything goes at Carnival time

# Questions about the story

*Please choose only one answer for each question*

### 1) Che significa la parola carnevale?
    a. Eliminare il pesce
    b. Eliminare la frutta
    c. Eliminare lo zucchero
    d. Eliminare la carne

### 2) Da cosa sarà mascherato Massimiliano?
    a. Da Superman
    b. Da Batman
    c. Da poliziotto
    d. Da Uomo Ragno

### 3) Quando sarà la festa a scuola?
    a. La mattina
    b. Il pomeriggio
    c. La sera
    d. La notte

### 4) Cosa getta in aria una mamma?
    a. Le caramelle
    b. I dolcetti
    c. Una manciata di coriandoli
    d. I cioccolatini

## Answers

**1) D**
**2) B**
**3) A**
**4) C**

# Chapter 15

## Marzo pazzerello, guarda il sole e prendi l'ombrello

I **proverbi** popolari dicono spesso la **verità**. Il **tempo** a **marzo** è un **mese** particolarmente **variabile**, per questo il proverbio dice di **guardare il sole**, ma di **prendere** anche l'**ombrello**, perché una splendida giornata **assolata** potrebbe essere improvvisamente **colpita** da un **forte temporale**.

**Nonostante** il proverbio, Alessandra e Serena hanno deciso di andare a **camminare a passo svelto**. La bella **stagione** si **avvicina** e nessuna delle due ama andare in **palestra**, così si ritrovano almeno tre **volte a settimana** per fare una bella **camminata**.

**Stamani** il cielo è leggermente **nuvoloso**, ma le due amiche sono determinate a **raggiungere l'obiettivo** ed **escono** di casa.

Dopo un **quarto d'ora** il cielo diventa tutto **nero** e inizia a **piovere pesantemente**!

"Che **sfortuna**! Vieni Alessandra, entriamo in quel bar!" dice Serena all'amica già **mezza bagnata**.

"Va bene dai, **beviamo** qualcosa di **caldo** e **aspettiamo** che **smetta** di piovere" risponde Alessandra mentre si **siede** nella **veranda esterna** del bar. "**Tutto sommato** mi fa piacere bere un caffè e fare due chiacchiere".

Le ragazze prendono il **maltempo** con **filosofia** e si godono la colazione **inaspettata**, parlando **del più e del meno**.

"Ciao Cristiano, anche tu **qui**?" chiede Alessandra all'amico **appena** entrato.

"Si, lavoro **qua** vicino e vengo sempre al Bar Italia a **bere** un caffè. **Dove andate di bello**? Vi vedo ben **equipaggiate** per una camminata" risponde Cristiano.

"L'intenzione era quella, aspettiamo che smetta di piovere e poi partiamo".

Il bello di marzo è proprio questo. La natura che ti **parla, prima** ti **scalda** con un bellissimo sole e dopo pochi minuti ti **bagna** con una fresca **pioggerellina**.

**Per fortuna** oggi Alessandra e Serena hanno un po' di tempo a **disposizione** e possono rilassarsi **senza fretta**.

E tra una chiacchiera e l'altra, ecco che torna il sole!

"**Sbrighiamoci**!" dice Alessandra.

"Eccomi, **pago** il **conto** e arrivo!" risponde Serena **velocemente**.

Finalmente possono uscire e regalarsi una splendida camminata **sperando** che **Madre Natura** non **cambi** nuovamente idea!

## Riassunto della storia

Alessandra e Serena vanno spesso a camminare per tenersi in forma, stamani però il cielo è leggermente nuvoloso ed essendo marzo, il mese pazzerello, c'è il rischio che vada a piovere. Come previsto, appena uscite, la pioggia inizia a cadere e le due amiche entrano in un bar. Dopo una bella colazione, il sole torna a splendere e finalmente possono godersi la camminata.

## Summar of the story

Alessandra e Serena often go walking together to kip fit, but this morning the sky is slightly cloudy and being the crazy month of March, chances are that it is going to rain. As expected, as soon as they go out, the rain begins to pour and the two friends enter a bar. After a very pleasant breakfast, the sun shines again and they can finally enjoy their walk.

# Vocabulary

- **Proverbi:** Proverbs
- **Verità:** Truth
- **Tempo:** Weather (also time)
- **Marzo:** March
- **Mese:** Month
- **Variabile:** Variable
- **Guardare il sole:** Look at the sun
- **Prendere:** To take
- **Ombrello:** Umbrella
- **Assolata:** Sunny
- **Colpita (verb colpire):** To hit / to strike
- **Forte:** Strong / heavy
- **Temporale:** Storm
- **Nonostante:** Despite
- **Camminare:** To walk
- **A passo svelto:** At a brisk pace
- **Stagione:** Season
- **Avvicinare:** To approach
- **Palestra:** Gym
- **Volte a settimana:** Times per week
- **Camminata:** Walk
- **Stamani:** This morning
- **Nuvoloso:** Cloudy
- **Raggiungere:** To reach / achieve / accomplish
- **Obiettivo:** Target / goal
- **Escono (verb uscire):** To go out
- **Quarto d'ora:** Fifteen minutes (quarter of an hour)
- **Nero:** Black
- **Piovere:** To rain
- **Pesantemente:** Heavily
- **Sfortuna:** Bad luck
- **Mezza:** Half
- **Bagnata (verb bagnare):** To get wet

- **Beviamo (verb bere):** To drink
- **Caldo:** Warm
- **Aspettiamo (verb aspettare):** To wait
- **Smetta (verb smettere):** To stop
- **Siede (verb sedere):** To sit
- **Veranda:** Porch
- **Esterna:** External
- **Tutto sommato:** All in all
- **Maltempo:** Bad Weather
- **Filosofia:** Phylosophy (prenderla con filosofia: take the high road)
- **Inaspettata:** Unexpected
- **Del più e del meno:** About this and that
- **Qui:** Here
- **Appena:** Just
- **Qua:** Here
- **Bere:** To drink
- **Dove andate di bello:** Where are you going / headed
- **Equipaggiate:** Geared up (also equipped)
- **Parlare:** To talk
- **Prima:** Before (also first)
- **Scaldare:** To keep warm
- **Bagnare:** To wet
- **Pioggerellina:** Drizzle
- **Per fortuna:** Luckily
- **Disposizione:** Disposal / available
- **Senza fretta:** Leisurely / no rush
- **Sbrighiamoci (verb sbrigare):** To hurry up
- **Pago (verb pagare):** To pay
- **Conto:** Bill
- **Velocemente:** Quickly
- **Sperando:** Hoping
- **Madre Natura:** Mother Nature
- **Cambi (verb cambiare):** To change

# Questions about the story

*Please choose only one answer for each question*

**1) Perché il mese di marzo si dice pazzerello?**
    a. Perché il tempo è molto variabile
    b. Perché c'è sempre il sole
    c. Perché piove sempre
    d. Perché non piove mai

**2) Come si tengono in forma Alessandra e Serena?**
    a. Frequentano la palestra
    b. Corrono
    c. Vanno in bicicletta
    d. Camminano

**3) Qual è il nome del bar?**
    a. Europa
    b. Italia
    c. Nazionale
    d. Il mio bar

**4) Cosa fanno quando torna il sole?**
    a. Vanno a fare spese
    b. Bevono un altro caffè
    c. Vanno a camminare
    d. Iniziano a cantare

## Answers

1) A
2) D
3) B
4) C

# Chapter 16

## Sebastiano e il burattino

Per tanti **bambini** andare a scuola e **studiare** sono attività interessanti, per loro è bello **incontrare** i **compagni** ogni mattina e **imparare** sempre nuove cose.

Ma ci sono anche dei bambini che preferiscono **giocare** e **divertirsi** tutto il giorno senza **preoccuparsi** della loro **istruzione**.

Sebastiano **ha nove anni** e non **sopporta** la scuola né lo studio. A lui piace andare in giro, **inventarsi** sempre nuovi giochi e vivere ogni giorno all'avventura.

Ogni mattina **fa finta** di andare a scuola con il suo **zainetto** pieno di **libri** e **quaderni**. Ma quando gli altri compagni salgono sull'autobus, lui si **allontana** e va al **parco** per tutta la mattina.

Un giorno, mentre sta **passeggiando**, vede un signore **anziano** seduto sulla **panchina** che **legge** il **giornale**.

"Buongiorno, come mai non **sei** a scuola?" chiede il signore a Sebastiano.

"Oggi il **maestro** era **malato** e ci hanno detto di **tornare** a casa" risponde **mentendo** il bambino.

"Ah, ecco, **capisco. Come ti chiami**?"

"Sebastiano, mi chiamo Sebastiano"
"**Ti piace** leggere Sebastiano?" chiede il signore. "Ho qui un libro che potrebbe interessarti".

Il signore cerca nella sua **borsa** e **tira fuori** un libro colorato.

"Pinocchio. Non l'ho mai letto, **di cosa parla**?" chiede Sebastiano.

"Il libro **racconta** la storia di un **burattino di legno** che non ha tanta voglia di studiare e va in giro con i suoi amici invece che andare a scuola" **spiega** il signore.
"E ogni volta che dice una **bugia** gli **cresce** il **naso**!"

Sebastiano è sorpreso, perché il libro sembra raccontare proprio la sua storia! Chissà se quel signore lo conosce e sa che tutti i giorni **salta la scuola**!

"**Tienilo**, te lo regalo. Sono sicuro che ti piacerà. E magari **imparerai** qualcosa di importante, con me ha **funzionato**" dice il signore.

Sebastiano è un po' **intimorito**, ma la storia del libro sembra interessante e decide di tenerlo.

"Grazie, è un bel libro. Dirò alla mamma che è un suo **regalo**. Posso **sapere** il suo nome?" chiede Sebastiano.

"Mi chiamo Lorenzini, come il mio **antenato**. Lui era **conosciuto** come Collodi, nome del **paese** dove era **nata** la sua mamma. Questo libro lo ha **scritto** lui molti anni fa" risponde il signor Lorenzini. "Torna a casa e inizia a leggere, vedrai che da **domani** avrai voglia di andare a scuola. **Arrivederci** Sebastiano!"

Il bambino è sempre più **meravigliato**, ma anche molto **incuriosito** dalla storia di Pinocchio e **corre** veloce a casa prima che gli inizi a crescere il naso!

## Riassunto della storia

Sebastiano ha nove anni e non ha molta voglia di studiare. Ogni mattina, invece che andare a scuola preferisce andare a giocare al parco. Un giorno incontra un signore anziano che gli regala il libro di Pinocchio, un burattino di legno che somiglia tanto a Sebastiano. Quel signore è un discendente di Collodi, autore del libro, e suggerisce al bambino di tornare a casa e iniziare a leggere senza perdere altro tempo prezioso.

# Summary of the story

Sebastiano is nine years old and he does not like to study. Every morning he prefers going to the park instead of going to school. One day he meets an old man who gives him the book of Pinocchio, a wooden puppet who seems just like Sebastiano. The old man is a descendant of Collodi, the book's author, and he suggests the kid to go back home and start reading without losing any precious time.

# Vocabulary

- **Bambini:** Children
- **Studiare:** To study
- **Incontrare:** To meet
- **Compagni:** Mates (compagni di scuola: schoolmates)
- **Imparare:** To learn
- **Giocare:** To play
- **Divertirsi (verb divertire):** To have fun
- **Preoccuparsi (verb preoccupare)** To worry
- **Istruzione:** Instruction
- **Ha nove anni:** He (she) is nine years old
- **Sopportare:** To stand / to bear
- **Inventarsi (verb inventare):** To make up
- **Fare finta:** To pretend
- **Zainetto:** Backpack
- **Libri:** Books
- **Quaderni:** Notebooks
- **Allontana (verb allontanare):** To get away
- **Parco:** Park
- **Passeggiando:** Strolling
- **Anziano:** Elderly
- **Panchina:** Bench
- **Leggere:** To read
- **Giornale:** Paper

- **Sei (verb essere):** To be
- **Maestro:** Teacher
- **Malato:** Sick
- **Tornare:** To go back
- **Mentendo:** Lying
- **Capisco (verb capire):** To understand
- **Come ti chiami:** What is your name?
- **Ti piace:** Do you like
- **Borsa:** Bag
- **Tira fuori (verb tirare):** To pull out
- **Di cosa parla:** What is it about?
- **Raccontare:** To tell
- **Burattino di legno:** Wooden puppet
- **Spiegare:** To explain
- **Bugia:** Lie
- **Crescere:** To grow
- **Naso:** Nose
- **Salta la scuola (verb saltare):** To skip school (also to jump)
- **Tienilo (verb tenere):** To keep
- **Imparerai (verb imparare):** To learn
- **Funzionato (verb funzionare):** To work
- **Intimorito:** Intimidated
- **Regalo:** Present / gift
- **Sapere:** To know
- **Antenato:** Ancestor
- **Conosciuto (verb conoscere):** To know
- **Paese:** Town
- **Nata:** Born
- **Scritto:** Written
- **Domani:** Tomorrow
- **Arrivederci: Goodbye**
- **Meravigliato:** Amazed
- **Incuriosito:** Curious about
- **Corre (verbo correre):** To run

# Questions about the story

*Please choose only one answer for each question*

**1) Quanti anni ha Sebastiano?**
    a. Sei
    b. Sette
    c. Otto
    d. Nove

**2) Dove preferisce andare Sebastiano?**
    a. Al parco
    b. A scuola
    c. Al cinema
    d. In piscina

**3) Chi è il protagonista di Pinocchio?**
    a. Un cane
    b. Un burattino di legno
    c. Un bambino
    d. Un gatto

**4) Chi è il signor Lorenzini?**
    a. Un maestro
    b. Un dottore
    c. Il discendente di Collodi
    d. Il fratello di Collodi

# Answers

**1)** D
**2)** A
**3)** B
**4)** C

# Chapter 17

## Un altro caso per Carlo e Matteo

**Ricordate** Carlo e Matteo? Sono i **nipoti** di **nonna** Maria, quelli che **trascorrono** le **vacanze estive** nella sua **casa di campagna** e che hanno aiutato a **risolvere** il **caso** delle **uova scomparse**.

**Questa volta** i ragazzi sono venuti dalla nonna per trascorrere **insieme** le vacanze di **primavera**, in campagna si sta bene e le **giornate scorrono veloci** tra una **corsa** nei **campi** e le **fette** di **torta** della nonna.

Oltre ai **ragazzi** ci sono i loro **genitori**, la **sorellina** di Matteo e anche Zorro, il **cane bassotto** di Carlo. La famiglia è al completo e sono tutti pronti per le **prelibatezze** di nonna Maria.

La mattina **seguente** Zorro si **sveglia** e va in **cucina** per fare **colazione**. Improvvisamente inizia ad **abbaiare**, la **ciotola** dei suoi **croccantini** è **vuota** e lui **vuole mangiare**!

"Che strano, ero sicura di averla **riempita ieri sera**" dice la mamma di Carlo.

"Ti sarai **sbagliata** mamma, ci penso io!" risponde Carlo mentre **versa** dei croccantini e Zorro inizia a **sgranocchiare**.

Senza **darci troppo peso**, anche la famiglia fa colazione e **prosegue** la giornata.

Il giorno **dopo**, la stessa storia. Ciotola vuota e Zorro che abbaia.
"Ma non è possibile, questa volta sono certa di avergli messo i croccantini!" **esclama** la mamma di Carlo.

"**Qualcosa non torna**" dice Carlo a Matteo "Mi sembra di **rivivere** la storia delle uova scomparse. Stasera **rimaniamo** svegli in cucina e **scopriamo** cosa sta succedendo" propone Carlo a suo cugino.

Dopo **cena** tutti vanno a **dormire**, mentre Carlo e Matteo riempiono la ciotola e si **siedono** in cucina, **al buio**, sperando di **riuscire** a risolvere il mistero.

Ad un certo punto **sentono** sgranocchiare, qualcuno sta mangiando i croccantini di Zorro! Senza fare **rumore** Carlo **accende** la sua **lampada da campeggio** illuminando la **sagoma** del colpevole:

"Ma che cos'è? Un **topo**? Un **gattino**?" si chiedono i due **cugini.**

Ma no! È un piccolo **riccio** appena uscito dal **letargo**! Di **notte,** quando tutti **dormono**, i ricci vanno in giro a **cercare acqua** e **cibo**, ancora un po' **rintontiti** dal letargo.

"Che **carino**! È veramente **simpatico**!" esclamano i due ragazzi.

La confusione sveglia tutta la casa e si ritrovano tutti in cucina. Un altro mistero **risolto** dai due piccoli investigatori. Quale migliore occasione per **festeggiare**?

Croccantini per Zorro e per il riccio e una fetta di torta per tutti gli altri!

## Riassunto della storia

Carlo e Matteo sono tornati da nonna Maria nella sua casa di campagna per trascorrere insieme le vacanze di primavera. Questa volta ci sono anche i loro genitori, la sorellina di Matteo e Zorro, il cane bassotto di Carlo. Una mattina Zorro abbaia perché la sua ciotola è vuota, e così pure il giorno seguente. I due cugini decidono di indagare e quella sera rimangono in cucina al buio per risolvere il mistero. Chi sarà stato a mangiare tutti i croccantini?

# Summary of the story

Carlo and Matteo have gone back to grandma Maria's country house to spend their spring break together. This time the two cousins came with their parents, Matteo's little sister and Zorro, Carlo's basset hound. One morning Zorro barks because his bowl is empty, just like it happens the next day. Carlo and Matteo decides to investigate and that evening they remain in the kitchen in the dark to solve the mystery. Who would have eaten all the dog's kibbles?

# Vocabulary

- **Ricordate (verb ricordare):** To remember
- **Nipoti:** Nephews
- **Nonna:** Grandma
- **Trascorrono (verb trascorrere):** To spend
- **Vacanze estive:** Summer holidays
- **Casa di campagna:** Country house
- **Risolvere:** To solve
- **Caso:** Case
- **Uova:** Eggs
- **Scomparse:** Disappeared
- **Questa volta:** This time
- **Insieme:** Together
- **Primavera:** Spring
- **Giornate scorrono veloci:** Days fly by
- **Corsa:** Race
- **Campi:** Fields
- **Fette:** Slices
- **Torta:** Cake
- **Ragazzi:** Kids
- **Genitori:** Parents
- **Sorellina:** Baby sister
- **Cane:** Dog

- **Bassotto:** Basset hound
- **Prelibatezze:** Delicacies
- **Seguente:** Following
- **Sveglia (verb svegliare):** To wake up
- **Cucina:** Kitchen
- **Colazione:** Breakfast
- **Abbaiare:** To bark
- **Ciotola:** Bowl
- **Croccantini:** Kibbles
- **Vuota:** Empty
- **Vuole (verb volere):** To want
- **Mangiare:** To eat
- **Riempita (verb riempire):** To fill
- **Ieri:** Yesterday
- **Sera:** Evening
- **Sbagliata (verb sbagliare):** To be wrong
- **Versa (verb versare):** To pour
- **Sgranocchiare:** To munch
- **Darci troppo peso:** To read too much into
- **Prosegue (verb proseguire):** To continue
- **Dopo:** After
- **Esclama (verb esclamare):** To exclaim
- **Qualcosa non torna:** Something does not add up
- **Rivivere:** To relive
- **Rimaniamo (verbo rimanere):** To remain
- **Scopriamo (verb scoprire):** To discover
- **Cena:** Dinner
- **Dormire:** To sleep
- **Siedono (verb sedere):** To sit
- **Al buio:** In the dark
- **Riuscire:** To be able
- **Sentono (verb sentire):** To hear
- **Rumore:** Noise
- **Accende (verb accendere):** To light
- **Lampada da campeggio:** Camping light

- **Sagoma:** Shape / silhouette
- **Topo:** Mouse
- **Gattino:** Kitten
- **Cugini:** Cousins
- **Riccio:** Hedgehog
- **Letargo:** Dormancy
- **Notte:** Night
- **Dormono (verb dormire):** To sleep
- **Cercare:** To look for
- **Acqua:** Water
- **Cibo:** Food
- **Ancora:** Still
- **Rintontiti:** Loopy
- **Carino:** Nice
- **Simpatico:** Funny
- **Risolto:** Solved
- **Festeggiare:** To celebrate / to party

# Questions about the story

*Please choose only one answer for each question*

**1) Per quale occasione Carlo e Matteo sono tornati dalla nonna?**
    a. Vacanze di Natale
    b. Vacanze di primavera
    c. Vacanze estive
    d. Compleanno della nonna

**2) Chi è Zorro?**
    a. Il cagnolino di Carlo
    b. Il gattino della nonna
    c. Il papà di Carlo
    d. Il papà di Matteo

**3) Cosa c'era nella ciotola?**
    a. Frutta
    b. Verdura
    c. Croccantini
    d. Biscotti

**4) Chi aveva svuotato la ciotola di Zorro?**
    a. Un topo
    b. Un gatto
    c. Un cane
    d. Un riccio

# Answers

**1) B**
**2) A**
**3) C**
**4) D**

# Chapter 18

# La Sicilia nel cuore

Che bella l'**estate**! Le giornate sono più **lunghe**, il sole **splende sempre** e viene voglia di **partire** per qualche destinazione esotica!

**Purtroppo** per Valentina, questa estate sarà una **stagione** di **lavoro** perché la sua **collega** di Torino è andata **in maternità** e lei deve **sostituirla**.

Valentina **abita** a Siracusa, una bellissima città della Sicilia **arricchita** nei **secoli** da varie culture, sempre **baciata** dal sole.
Per lei sarà **strano vivere** a Torino per i **prossimi sei mesi**, ma è una ragazza molto positiva:

"**Trasformerò** questo **imprevisto** in una grande **opportunità** per conoscere una città **diversa** e le tradizioni **piemontesi**!" pensa **tra sé e sé** mentre prepara la **valigia**.

**Il giorno dopo** parte per Torino dove Francesco, il **responsabile** dell'ufficio, la **accoglie** con un **caloroso benvenuto**.

"Benvenuta Valentina! Siamo tutti **contenti** del tuo **arrivo**! **Vedrai** che sarà una bella esperienza!" dice Francesco mentre **vanno** verso la **macchina**.

Una volta arrivati alla **sede** dell'azienda, Francesco **presenta** Valentina a tutti i colleghi e le mostra la sua **postazione**.

"Per **qualsiasi** problema **non esitare** a **rivolgerti** a me" dice Francesco con estrema gentilezza.

Valentina **sente** il sostegno di tutti e inizia a lavorare con molto entusiasmo.

Alla fine della giornata **saluta tutti** e si avvia al residence vicino all'ufficio dove abiterà per i prossimi mesi. L'appartamento è nuovo e **arredato** in modo molto carino, ha pure una **terrazza** dove poter mangiare o **rilassarsi** dopo cena, veramente delizioso.

Valentina **mette a posto** le sue cose e si prepara la **cena**. Un'**insalata** e un **piatto di pasta**, niente di complicato, è stata una giornata lunga ed è l'ora di andare a dormire.

E così **passa** la **prima settimana** a Torino, tra ufficio e qualche giro in città dopo il lavoro. Valentina è molto contenta della **sistemazione** e sta imparando tante nuove cose.

"**Come va** Valentina?" chiede Francesco.

"**Tutto bene** Francesco, grazie. Mi **manca** un po' la mia Siracusa, ma sono curiosa di **trascorrere** il mio primo **fine settimana** a Torino." risponde Valentina.

"Allora **domani mattina** ti passo a prendere e facciamo **colazione** insieme" propone Francesco.

L'**indomani** Francesco si presenta a casa di Valentina con **una sorpresa:**

"**Stamani** ti porto a fare colazione in Sicilia!" esclama Francesco mentre iniziano a **passeggiare**.

"In Sicilia? **Mi prendi in giro?**" risponde Valentina un po' disorientata.

Ma appena **girano** l'angolo, Valentina vede una **pasticceria siciliana** bellissima, con tanti **fiori** davanti alla **vetrina** e tutti i dolci **tipici** della sua **terra**.

"Ma che bello! Grazie Francesco, sei un angelo!" esulta Valentina.

"Però adesso devi **ordinare** tu, sei tu l'**esperta!**" risponde Francesco.

"Certamente! Due **granite al caffè** e due brioches siciliane, grazie!"

Francesco **non avrebbe potuto** farle regalo più dolce. E chissà se Valentina **ricambierà** la sorpresa **invitando** Francesco a Siracusa per conoscere da **vicino** le sue tradizioni...

## Riassunto della storia

Valentina abita a Siracusa, una splendida città della Sicilia, ma deve trasferirsi qualche mese a Torino per sostituire la collega in maternità. Quando arriva incontra il responsabile dell'ufficio, Francesco, e tutti i suoi colleghi che le danno il benvenuto.
L'esperienza è molto positiva, ma quando Valentina inizia a sentire una leggera nostalgia di casa, Francesco la sorprende con una colazione tipica siciliana. E chissà se Valentina inviterà Francesco a Siracusa per conoscere le tradizioni della sua città...

## Summary of the story

Valentina lives in Siracusa, a beautiful town in Sicily, but she needs to relocate in Turin for few months to fill in for a colleague on maternity leave. When she arrives she meets the office manager Francesco and all her colleagues to welcome her. The whole experience is really positive, but whenValentina starts to feel slightly homesick, Francesco surprises her with a typical Sicilian breakfast. And maybe Valentina will invite Francesco to Siracusa to know her town's traditions...

## Vocabulary

- **Estate:** Summer
- **Lunghe:** Long
- **Splende (verb splendere):** To shine
- **Sempre:** Always
- **Partire:** To leave
- **Purtroppo:** Unfortunately
- **Stagione:** Season
- **Lavoro:** Work
- **Collega:** Colleague

- **In maternità:** On maternity leave
- **Sostituirla (verb sostituire):** To fill in for
- **Abitare:** To live
- **Arricchita:** Enriched
- **Secoli:** Centuries
- **Baciata:** Kissed
- **Strano:** Strange
- **Vivere:** To live
- **Prossimi:** Next
- **Sei:** Six
- **Mesi:** Months
- **Trasformerò (verb trasformare):**
- **Imprevisto:** Something unexpected
- **Opportunità:** Opportunity
- **Diversa:** Different
- **Piemontesi:** Originating from Piedmont
- **Tra sé e sé:** To himself / to herself
- **Valigia:** Suitcase
- **Il giorno dopo:** The next day
- **Responsabile:** Person in charge
- **Accogliere:** To welcome
- **Caloroso:** Warm
- **Benvenuto:** Welcome
- **Contenti:** Pleased
- **Arrivo:** Arrival
- **Vedrai (verb vedere):** To see
- **Vanno (verb andare):** To go
- **Verso:** Towards
- **Macchina**: Car
- **Sede:** Head quarter
- **Azienda:** Company
- **Presentare:** To introduce
- **Postazione**: Workstation
- **Qualsiasi:** Any
- **Esitare:** To hesitate

- **Rivolgerti (verb rivolgere):** To address
- **Sente (verb sentire):** To feel
- **Salutare:** To say good-bye
- **Tutti:** All / everyone
- **Arredato:** Furnished
- **Terrazza:** Terrace
- **Rilassarsi:** To relax
- **Mettere a posto:** To put everything in place
- **Cena:** Dinner
- **Insalata:** Salad
- **Piatto di pasta:** Plate of pasta
- **Passare:** To pass (to go by)
- **Prima:** First
- **Settimana:** Week
- **Sistemazione:** Accommodation
- **Come va?:** How is it going?
- **Tutto bene:** All fine
- **Mancare:** To miss
- **Trascorrere:** To spend
- **Fine settimana:** Week-end
- **Domani :** Tomorrow
- **Mattina:** Morning
- **Colazione:** Breakfast
- **Indomani:** Next day
- **Stamani:** This morning
- **Passeggiare**: To stroll
- **Mi prendi in giro?:** Are you kidding me?
- **Girano (verb girare):** To turn
- **Angolo:** Corner
- **Pasticceria:** Pastry shop
- **Siciliana:** Sicilian
- **Fiori:** Flowers
- **Vetrina:** Shop window
- **Tipici:** Typical
- **Terra:** Land

- **Ordinare:** Order
- **Esperta:** Expert
- **Granite al caffè:** Frozen ice with coffee
- **Non avrebbe potuto:** Could not have
- **Ricambierà (verb ricambiare):** To reciprocate
- **Invitando (verb invitare):** To invite
- **Da vicino:** Closely

# Questions about the story

*Please choose only one answer for each question*

### 1) Perché Valentina deve andare a Torino?
   a. Per una vacanza
   b. Per andare a trovare un'amica
   c. Per sostituire una collega in maternità
   d. Per visitare un museo

### 2) Come si chiama il responsabile dell'ufficio?
   a. Marco
   b. Francesco
   c. Andrea
   d. Tommaso

### 3) Cosa prepara per cena Valentina?
   a. Un'insalata e un piatto di pasta
   b. Un'insalata
   c. Un piatto di pasta
   d. Una pizza

### 4) Dove vanno a fare colazione Francesco e Valentina?
   a. Al parco
   b. Al bar
   c. In ufficio
   d. In una pasticceria siciliana

# Answers

1) C
2) B
3) A
4) D

# Chapter 19

# Enrico il postino

**Tutti i giorni** di **buon'ora** Enrico il **postino** consegna la **posta** a tutti gli abitanti del **paese** di Rivabella.

Enrico fa il postino da **quarantacinque anni**, **conosce** tutti gli **indirizzi a memoria** e nonostante l'**età** avanzata adora il suo lavoro.

Una mattina però **dimentica** a casa gli **occhiali da lettura**, ma è già **tardi** e decide di iniziare il giro delle **consegne**.

A fine **giornata** gli abitanti del paese **tornano** nelle loro case e **controllano** la posta.

Irene ha **ricevuto** la posta di Silvia, Silvia ha ricevuto un **pacchetto** di Pietro e Pietro ha le lettere di Irene.

"Che confusione! Ma **cosa è successo** a Enrico oggi?" si chiede Irene **mentre qualcuno bussa** alla **porta**.

"Ciao Irene, ecco qui le tue lettere, **per caso** hai ricevuto il mio pacchetto **per errore**?" chiede Pietro.

"**Mi dispiace** Pietro, ho ricevuto la posta di Silvia. **Andiamo** da lei e **vediamo** se il pacchetto è a casa sua" risponde Irene.

I due **amici** vanno a casa di Silvia **sperando** di **recuperare** il pacchetto.

"Sì, l'ho **trovato accanto** alla mia **cassetta delle lettere**" dice Silvia.

"**Grazie mille**...ecco a te la tua posta, per errore era stata consegnata a Irene, una confusione totale!" risponde Pietro.

Mentre i tre amici **si chiedono** per quale ragione il postino abbia fatto così tanti errori, suona il telefono.

"Sono Enrico dall'**ufficio postale**. Sono **mortificato**, stamani ho dimenticato gli occhiali a casa e devo aver consegnato la posta **sbagliata**".

"**Non preoccuparti** Enrico, abbiamo risolto tutto tra di noi, domani però **ricordati** gli occhiali!" risponde Silvia **sorridendo**.

**Tutto sistemato**, ognuno ha ricevuto la sua posta e il **caro** Enrico da domani ricorderà di portare gli occhiali. E **domani è un altro giorno**...

## Riassunto della storia

Enrico è il postino della città di Rivabella da quarantacinque anni e adora il suo lavoro. Questa mattina ha dimenticato gli occhiali da lettura a casa e purtroppo sbaglia a consegnare la posta. Irene, Silvia e Pietro si scambiano lettere e pacchetti fino a che tutto è sistemato.

## Summary of the story

Enrico has been the postman of the town of Rivabella for forty-five years and he adores his job. This morning he forgot his reading glasses at home and unfortunately he mistakenly delivers the mail to the wrong recipients. Irene, Silvia e Pietro exchange letters and packages to make things right.

## Vocabulary

- **Tutti i giorni:** Every day
- **Buon'ora:** Bright and early
- **Postino:** Postman
- **Posta:** Mail / post
- **Paese:** Town
- **Quarantacinque:** Forty-five

- **Anni:** Years
- **Conoscere:** To know
- **Indirizzi:** Addresses
- **A memoria:** By heart
- **Età:** Age
- **Dimenticare:** To forget
- **Occhiali da lettura:** Reading glasses
- **Tardi:** Late
- **Consegne:** Deliveries
- **Giornata:** Day
- **Tornano (verb tornare):** To return / go back
- **Controllano (verb controllare):** To check
- **Ricevuto:** Received
- **Pacchetto:** Package
- **Cosa è successo?:** What happened
- **Mentre:** While
- **Qualcuno:** Someone
- **Bussare:** To knock
- **Porta:** Door
- **Per caso:** By any chance
- **Per errore:** By mistake
- **Mi dispiace:** I am sorry
- **Andiamo (verb andare):** To go
- **Vediamo (verb vedere):** To see
- **Amici:** Friends
- **Sperando (verb sperare):** To hope
- **Recuperare:** To recover / retriev
- **Trovato (verb trovare):** To find
- **Accanto:** Next to
- **Cassetta delle lettere:** Mailbox
- **Grazie mille:** Thanks a lot
- **Si chiedono (verb chiedere):** To ask (they ask themselves)
- **Ufficio postale:** Post office
- **Mortificato:** Mortified
- **Sbagliata:** Wrong

- **Non preoccuparti:** Don't worry
- **Ricordati (verb ricordare):** To remember
- **Sorridendo:** Smiling
- **Tutto sistemato:** All settled
- **Caro:** Dear
- **Domani è un altro giorno:** Tomorrow is a new day

# Question about the story

*Please choose only one answer for each question*

1) **Per quanti anni Enrico ha fatto il postino a Rivabella?**
   a. Trenta
   b. Venti
   c. Quarantacinque
   d. Sessanta

2) **Perché Enrico sbaglia a consegnare la posta?**
   a. Perché ha dimenticato a casa gli occhiali
   b. Perché si è svegliato tardi
   c. Perché non parte la macchina
   d. Perché è sciopero

3) **Cosa riceve Irene?**
   a. Il pacchetto di Pietro
   b. La posta di Silvia
   c. Le sue lettere
   d. La posta di Enrico

4) **Chi ha ricevuto il pacchetto di Pietro?**
   a. Irene
   b. Enrico
   c. Nessuno
   d. Silvia

## Answers

1) **C**
2) **A**
3) **B**
4) **D**

# Chapter 20

# Nessun dorma

Il **lago** di Massaciuccoli si trova a **pochi** chilometri da Lucca, sulla parte **costiera** della Toscana. Il paese che **si affaccia** sul lago si chiama Torre del Lago Puccini perché **proprio qui** il grande **compositore** amava **rifugiarsi** e **coltivare** la sua passione per la **caccia** e gli **incontri** tra artisti. E qui il maestro adesso **riposa**, nella sua villa di **gusto** semplice, ma **raffinato**, dove **componeva** nel silenzio della **notte**.

Anna vive a Torre del Lago. Suo **nonno** ha un **negozio di cartoleria** e quando vuole fare una **pausa** si rifugia nel **retrobottega** per **ascoltare** le opere del maestro Puccini. Che musica **meravigliosa**!

Questa **estate** Anna **fa parte** delle **comparse** dell'opera Turandot, **in scena** al Festival Puccini al **teatro all'aperto davanti al** lago.

"Che emozione! Lo sai che il **sogno** del maestro Puccini era di **vedere** le sue opere **rappresentate in riva al lago**?" chiede Anna a suo nonno.

"Lo so, lo so. Le **rappresentazioni** sono **iniziate** nel 1930 **avverando** il suo **desiderio**. E adesso tu farai parte dello **spettacolo**, sono molto felice Anna" risponde il nonno.

La comparsa ha un **ruolo particolare**, deve **recitare senza parlare**, **circondata** dalla musica e dalla voce spettacolare dei **cantanti lirici**.

**Stasera** va in scena la **prima** dell'opera, **dietro le quinte** c'è grande agitazione.
"Sono pronta, il costume è bellissimo e il teatro è pieno di spettatori!" dice Anna per telefono al nonno.

"Sono contento per te Anna, sono qui **seduto in platea** con la **nonna** e non vediamo l'ora di vederti!" risponde il nonno **pieno di** emozione.

Si sente l'**annuncio** del **presentatore**: *La rappresentazione sta per* **cominciare**. *Si pregano i signori spettatori di* **accomodarsi**

"Tutte le comparse **al loro posto**, si va in scena!" esclama il **regista**.

A **sipario** ancora **chiuso** Anna e le altre comparse prendono posto sul **palco aspettando** l'inizio dell'opera. Che **batticuore**! E che grande **gioia**!

Anna pensa ai suoi nonni in sala: "Recito per voi cari nonni, stasera *vincerò*!".

## Riassunto della storia

Anna vive a Torre del Lago Puccini dove il grande maestro ha vissuto e composto molte sue opere. Il suo sogno era di vedere rappresentate le sue opere in riva al lago e dal 1930 il desiderio del maestro si è avverato. Stasera Anna reciterà come comparsa nell'opera di Turandot, in scena nel teatro all'aperto davanti al lago. Molto emozionata, Anna entra in scena pensando ai suoi nonni che siedono in platea.

## Summary of the story

Anna lives in Torre del Lago Puccini where the great maestro has lived and composed many operas. His dream was to see his operas in front of the lake and since 1930 his wish has come true. This evening Anna will perform as extra in the Turandot, staged at the open-air theatre in front of the lake. Full of emotion, Anna goes on stage thinking about her grandparents sitting in the audience.

## Vocabulary

- **Lago:** Lake
- **Pochi:** Few
- **Costiera:** Coastal

- **Si affaccia (verbo affacciare):** To face
- **Proprio qui:** Right here
- **Compositore:** Composer
- **Rifugiarsi (verb rifugiare):** To take refuge
- **Coltivare:** To cultivate
- **Caccia:** Hunting
- **Incontri:** Meetings
- **Riposa (verb riposare):** To rest
- **Gusto:** Taste
- **Raffinato:** Refined / elegant
- **Componeva (verb comporre):** To compose
- **Notte:** Night
- **Nonno:** Grandpa
- **Negozio di cartoleria:** Stationery shop
- **Pausa:** Break
- **Retrobottega: Back room**
- **Ascoltare:** To listen
- **Meravigliosa:** Wonderful
- **Estate:** Summer
- **Fa parte:** Is part of
- **Comparse:** Extras
- **In scena:** On stage
- **Teatro all'aperto:** Open-air theatre
- **Davanti al:** In front of
- **Sogno:** Dream
- **Vedere:** To see
- **Rappresentate:** Staged / performed
- **In riva al lago:** By the lake
- **Rappresentazioni:** Performance
- **Iniziate (verb iniziare):** To start
- **Avverando (verb avverare):** To come true
- **Desiderio:** Wish
- **Spettacolo:** Show
- **Ruolo:** Role
- **Particolare:** Peculiar

- **Recitare:** To play / perform
- **Senza:** Without
- **Parlare:** To talk
- **Circondata:** Surrounded
- **Cantanti lirici:** Opera singers
- **Stasera:** This evening
- **Prima:** Première
- **Dietro le quinte:** Behind the scenes / backstage
- **Seduto (verb sedere):** To sit
- **In platea:** In the audience
- **Nonna:** Grandma
- **Pieno di:** Full of
- **Annuncio:** Announcement
- **Presentatore:** Host
- **Cominciare:** To start
- **Accomodarsi:** To seat down
- **Al loro posto:** In place
- **Regista:** Director
- **Sipario:** Curtain
- **Chiuso:** Closed
- **Palco:** Stage
- **Aspettando:** Waiting
- **Batticuore:** Heartbeat
- **Gioia:** Joy
- **Vincerò:** I will win

# Questions about the story

*Please choose only one answer for each question*

**1) Cosa fa il nonno di Anna durante la pausa?**
    a. Gioca a carte
    b. Fuma una sigaretta
    c. Ascolta le opere
    d. Beve un caffè

**2) In quale opera farà la comparsa Anna?**
    a. La bohème
    b. Turandot
    c. Tosca
    d. Madama Butterfly

**3) Qual era il desiderio di Giacomo Puccini?**
    a. Vedere una sua opera rappresentata sul lago
    b. Andare a passeggio
    c. Mangiare un gelato
    d. Andare al mare

**4) A chi dedica la serata Anna?**
    a. Ai suoi amici
    b. Ai suoi genitori
    c. Al suo fidanzato
    d. Ai suoi nonni

# Answers

1) C
2) B
3) A
4) D

# Chapter 21

## Un viaggio fantastico

Gianluca e la sua mamma **vivono** a Parma, **rinomata** città famosa anche per il **formaggio parmigiano** e per il **prosciutto**. Gianluca **frequenta** il **quarto** anno della **scuola elementare** e la mamma lavora in un **caseificio**.

Il papà di Gianluca **durante** la **settimana** abita a Genova, dove ha **trovato** un buon lavoro in uno **stabilimento** vicino al porto. **Di solito** ogni fine settimana torna a casa, ma questa volta **saranno** Gianluca e la mamma ad **andare** a Genova perché andranno **tutti insieme** a visitare il famoso **acquario**!

Gianluca ha sempre **amato** il mare e questo viaggio sarà **sicuramente** un'esperienza da ricordare.

È sabato mattina e Gianluca va alla stazione con la mamma per prendere il treno per a Genova. **Salgono** sulla **carrozza** e **trovano** due posti **comodi** vicino a due signore **anziane**. Il treno **impiegherà** circa **tre ore**, sarà bello **guardare** il panorama dal **finestrino** e vedere come **cambia** il **paesaggio**!

La partenza è **imminente**, si sente forte il suono del **fischietto**.

"Mamma mamma, il treno **sta partendo**!" grida Gianluca tutto entusiasta.

"Si, amore. Inizia il viaggio per l'acquario di Genova!!!" risponde la mamma con la stessa allegria.

Gianluca si **gode** il viaggio e **ammira** ogni cosa dal finestrino. Ad un certo punto il treno entra in una **galleria** e diventa tutto **buio**.

"**Forse** le luci dello **scompartimento** non **funzionano**, aspettiamo di uscire dalla galleria" pensa Gianluca senza **preoccuparsi**.

**Appena** arriva all'uscita della galleria **torna** la luce, ma una luce **strana**, colorata di **azzurro**. Gianluca guarda **fuori** dal finestrino e vede il treno **nuotare** nell'**acqua** in mezzo a **pesci** di ogni tipo, **meduse**, **cavallucci marini**, tutti che gli **vengono incontro** per **salutarlo**.

"Ma che viaggio fantastico! Siamo già **dentro** l'acquario e tutti i pesci vengono a fare festa" pensa Gianluca tutto contento.

Ad un certo punto il finestrino si apre e gli amici pesci invitano Gianluca a fare un giro con loro.

Che spettacolo! Tutti **nuotano** felici in libertà **esplorando** ogni angolo del **mare**...Le **alghe**, i **coralli**, e tutti i **colori** meravigliosi dei suoi **abitanti**.

"Che cosa meravigliosa! E chi poteva **immaginarlo**?" si dice Gianluca mentre nuota felice con i suoi nuovi amici.

Ad un certo punto Gianluca **sente** la sua mamma che lo **chiama**.

"Gianluca, Gianluca! **SVEGLIATI!!**"

Ma come? Era un **sogno**? Eppure, **sembrava** così reale.

Gianluca si era **addormentato** e aveva iniziato a **fantasticare**.

"Siamo arrivati amore, cosa stavi sognando?" chiede la mamma molto curiosa.

"Mamma **vedessi** bello! Ero **in mezzo** al mare con tutti i pesci che mi **portavano** in giro!" risponde il bambino.

"Che fantasia tesoro! Va bene, vuol dire che hai proprio voglia di visitare l'acquario! Guarda! Ecco il papà **laggiù** che ci **aspetta**! **Andiamo**!"

Il papà li **abbraccia** forte e tutti felici escono dalla stazione per **trascorrere** insieme un bellissimo fine settimana...in mezzo ai pesci dell'acquario!

## Riassunto della storia

Gianluca abita a Parma insieme alla mamma, il papà durante la settimana vive a Genova dove ha trovato lavoro vicino al porto. Di solito il papà torna a Parma tutti i fine settimana, ma questa volta saranno Gianluca e la mamma a muoversi così potranno visitare tutti insieme l'acquario di Genova. Il viaggio in treno è sempre un'avventura perché si può vedere il panorama dal finestrino e il paesaggio che cambia di continuo. Ma per Gianluca sarà ancora più fantastico, come un' anticipazione della visita al bellissimo acquario.

# Summary of the story

Gianluca lives in Parma with his mum, during the week his dad lives in Genova where he has found a job near the port. Usually his dad comes back to Parma every week-end but this week it will be Gianluca and his mum to go to Genova so that they can visit the famous Aquarium all together. The trip on the train is always an adventure because you can enjoy the view from the window and the different landscape along the way. But for Gianluca this trip will be even more fantastic, as a preview of the visit to the beautiful Aquarium.

# Vocabulary

- **Vivono (verb vivere):** To Live
- **Rinomata:** Renowned
- **Formaggio:** Cheese
- **Parmigiano:** Parmesan
- **Prosciutto:** Ham
- **Frequenta (verb frequentare):** To attend
- **Quarto:** Fourth
- **Scuola elementare:** Elementary school
- **Caseificio:** Cheese factory
- **Durante:** During
- **Settimana:** Week
- **Trovato (verb trovare):** To find
- **Stabilimento:** Factory
- **Di solito:** Usually
- **Saranno (verb essere):** To be

- **Andare:** To go
- **Tutti insieme:** All together
- **Acquario: Aquarium**
- **Amato (verb amare):** To love
- **Sicuramente:** Surely
- **Salgono (verb salire):** To get on
- **Carrozza:** Train car (also carriage / coach)
- **Trovano (verb trovare):** To find
- **Comodi:** Comfortable
- **Anziane:** Elderly
- **Impiegherà:** It will take
- **Tre ore:** Three hours
- **Guardare:** To watch
- **Finestrino:** Window
- **Cambia (verb cambiare):** To change
- **Paesaggio:** Landscape
- **Imminente :** Imminent
- **Fischietto:** Whistle
- **Sta partendo (verb partire):** To depart
- **Gode (verb godere):** To enjoy
- **Ammira (verb ammirare):** To admire
- **Galleria:** Tunnel
- **Buio:** Dark

- **Forse:** Maybe
- **Scompartimento:** Compartment
- **Funzionano (verb funzionare):** To operate / to function
- **Preoccuparsi:** To be worried
- **Appena:** As soon as
- **Torna (verb tornare):** To go back
- **Strana:** Strange
- **Azzurro:** Light blue
- **Fuori:** Outside
- **Nuotare:** To swim
- **Acqua:** Water
- **Pesce:** Fish
- **Medusa:** Jellyfish
- **Cavalluccio marino:** Sea Horse
- **Vengono (verb venire) :** To come
- **Incontro:** Towards his direction
- **Salutarlo (verb salutare):** To say hello
- **Dentro:** Inside
- **Nuotano (verb nuotare):** To swim
- **Esplorando:** Exploring
- **Mare:** Sea
- **Alghe:** Seaweeds
- **Coralli:** Corals

- **Colori:** Colours
- **Abitanti:** Inhabitants
- **Immaginarlo (verb immaginare):** To imagine
- **Sente (verb sentire):** To hear
- **Chiama (verb chiamare):** To call
- **Svegliati (verb svegliare):** To wake up
- **Sogno:** Dream
- **Sembrava (verbo sembrare):** To seem
- **Addormentato:** Asleep
- **Fantasticare:** To fantasize
- **Vedessi (verb vedere):** To see
- **In mezzo:** In the middle of
- **Portavano (verb portare):** To bring
- **Laggiù:** Over there
- **Aspetta (verb aspettare):** To wait
- **Andiamo (verb andare):** To go
- **Abbraccia (verb abbracciare):** To hug
- **Trascorrere:** To spend

# Questions about the story

*Please choose only one answer for each question*

**1) Dove abitano Gianluca e la mamma?**
a. Milano
b. Torino
c. Parma
d. Bologna

**2) Dove andranno questo fine settimana?**
a. A Genova a trovare il papà
b. A trovare la nonna
c. A trovare gli zii
d. A fare spese in città

**3) Quanto durerà il viaggio in treno?**
a. Cinque ore
b. Tre ore
c. Nove ore
d. Due ore

**4) Cosa sogna Gianluca dentro la galleria?**
a. Di andare sulla luna
b. Di andare in montagna
c. Di volare insieme agli uccellini
d. Di nuotare con i pesci

## Answers

1) C
2) A
3) B
4) D

# Chapter 22

# La spada nella roccia

Tutti conoscono la **leggenda** di re Artù e della **Tavola Rotonda** nel **castello** di Camelot.

La sua **storia** è **legata** alla misteriosa e magica **spada** Excalibur: come **annunciato** dal **mago** Merlino, solo l'uomo **in grado** di **estrarre** la spada dalla **roccia** sarebbe **diventato** il nuovo **re**. E proprio Artù è **riuscito** ad estrarre la spada **diventando** il nuovo **sovrano** e **giurando solennemente** di essere **leale** e di **difendere** la **verità** e la **giustizia** per tutta la vita.

Ma forse non tutti **sanno** che anche in Italia **esiste** una spada nella roccia.

A circa **trenta** chilometri a sud-ovest di Siena si trovano l'**Abbazia** di San Galgano e la **Rotonda** di Montesiepi. Patrizia e Ferdinando hanno deciso di andare a visitare questo **luogo** così **misterioso**.

"Chi è San Galgano?" chiede Ferdinando a Patrizia.

"Aspetta che **leggo** la storia sulla nostra **guida**, ecco qua:

Galgano Guidotti era un **cavaliere** nato nel 1148 da una famiglia **nobile** che da giovane aveva **vissuto** con la massima libertà senza avere **rispetto** di nessuno. Un giorno, durante una passeggiata, **ebbe** delle **visioni** dell'**Arcangelo** Michele che lo **invitò** a **seguirlo** fino alla **collina** di Montesiepi.

Galgano rimase così **colpito** dalla visione che decise di **dedicare** la sua vita alla **preghiera**, vivendo da **eremita** e nutrendosi solo delle **erbe selvatiche** che trovava nei **boschi**. E fu qui che decise di **conficcare** la sua spada nella roccia, per farla diventare la **croce** per le sue preghiere. Dopo la sua morte, **attorno** alla spada nella roccia, venne **costruita** una piccola chiesa, la Rotonda di Montesiepi, e più tardi anche l'Abbazia di San Galgano."

Sono le **prime ore** del **mattino** del 21 giugno, **solstizio** d'estate, e Patrizia e Ferdinando sono già **davanti** la Rotonda di Montesiepi per vivere un evento emozionante.

Al **sorgere** del sole, un **raggio** di luce **entra** nella chiesa da un **buco dietro** l'altare, **formando** un **cerchio luminoso** sulla **parete** che piano piano si **sposta** fino a **toccare** la spada e il **sepolcro** di San Galgano.

"**Pensa** come poteva essere la vita di San Galgano in questo **eremo**" **sussurra** Patrizia a Ferdinando.

"Sicuramente ha **nutrito** la sua **anima** e la sua **spiritualità**. Questo posto è unico, così tanta storia e mistero in un piccolo spazio" risponde Ferdinando.

I ragazzi sono entrambi **estasiati** da questo momento magico, quel luogo è pieno di storia e di spiritualità, tutti **rimangono** in **silenzio** per non disturbare il **riposo** di San Galgano.

E mentre **scendono** a piedi dalla collina per andare a visitare l'Abbazia, il sole **illumina** il loro cammino e le loro anime, regalando loro un altro momento di pace e **benessere** interiore...

## Riassunto della storia

La leggenda di Re Artù e della tavola rotonda è conosciuta in tutto il mondo. Ma forse non tutti sanno che esiste una spada nella roccia anche in Italia, vicino a Siena. Patrizia e Ferdinando decidono di visitarla e si recano all'Abbazia di San Galgano e alla Rotonda di Montesiepi, dove il santo ha vissuto molti anni della sua vita come eremita, dedicandosi al Signore, e dove la sua spada è conficcata nella roccia per essere utilizzata come croce per pregare. Un momento molto spirituale e l'occasione per imparare una storia molto interessante del periodo medievale.

## Summary of the story

The legend of King Arthur and the Rount Table is well known all over the world. But maybe not everyone knows that in Italy there is another Sword in the Stone, near the town of Siena. Patrizia and Ferdinando have decided to pay a visit to the Abbazia di San Galgano and the Rotonda di Montesiepi, where San Galgano has lived many years of his life as an hermit, devoting himself to the Lord, and where his sword has been lodged in the stone to be used as a cross to pray. A very spiritual moment and the occasion to learn a very interesting story of the medieval period.

# Vocabulary

- **Leggenda:** Legend
- **Tavola Rotonda:** Round Table
- **Castello:** Castle
- **Storia:** Tale / history
- **Legata (verb legare):** To link (also to tie)
- **Spada:** Sword
- **Annunciato (verb annunciare):** To announce
- **Mago:** Wizard
- **In grado:** Be able to
- **Estrarre:** To extract
- **Roccia:** Stone
- **Diventato (verb diventare):** To become
- **Re:** King
- **Riuscito (verb riuscire):** To succeed
- **Diventando (verb diventare):** To become
- **Sovrano:** Sovereign
- **Giurando (verb giurare):** To pledge
- **Solennemente:** Solemnly
- **Leale:** Loyal
- **Difendere:** To defend
- **Verità:** Truth
- **Giustizia:** Justice

- **Sanno (verb sapere):** To know
- **Esiste (verb esistere):** To exist
- **Trenta:** Thirty
- **Abbazia:** Abbey
- **Rotonda:** Round
- **Luogo:** Place
- **Misterioso:** Mysterious
- **Leggo (verb leggere):** To read
- **Guida:** Guidebook
- **Cavaliere:** Knight
- **Nobile:** Noble
- **Vissuto (verb vivere):** To live
- **Rispetto:** Respect
- **Ebbe (verb avere):** To have
- **Visioni:** Visions
- **Arcangelo:** Archangel
- **Invitò (verb invitare):** To invite
- **Seguirlo (verb seguire):** To follow
- **Collina:** Hill
- **Colpito (verb colpire):** To hit (he was impressed)
- **Dedicare:** To dedicate
- **Preghiera:** Prayer
- **Eremita:** Hermit

- **Erbe selvatiche:** Wild herbs
- **Boschi:** Woods
- **Conficcare:** To stick
- **Croce:** Cross
- **Attorno:** Around
- **Costruita (verb costruire):** To build
- **Prime ore:** Early hours
- **Mattino:** Morning
- **Solstizio:** Solstice
- **Davanti:** In front of
- **Sorgere:** To rise
- **Raggio:** Ray
- **Entra (verb entrare):** To enter
- **Buco:** Hole
- **Dietro:** Behind
- **Formando (verb formare):** To form
- **Cerchio:** Circle
- **Luminoso:** Bright
- **Parete:** Wall
- **Sposta (verb spostare):** To move
- **Toccare:** To touch
- **Sepolcro:** Tomb
- **Pensa (verb pensare):** To think

- **Eremo:** Hermitage
- **Sussurra (verb sussurrare):** To whisper
- **Nutrito (verb nutrire):** To nourish
- **Anima:** Soul
- **Spiritualità:** Spirituality
- **Estasiati:** Delighted
- **Rimangono (verb rimanere):** To remain
- **Silenzio:** Silence
- **Riposo:** Resting
- **Scendono (verb scendere):** To go down
- **Illumina (verb illuminare):** To enlighten
- **Benessere:** Well-being

# Questions about the story

*Please choose only one answer for each question*

### 1) Dove si trova l'Abbazia di San Galgano?
    a. Vicino Venezia
    b. Vicino Roma
    c. A quaranta chilometri da Napoli
    d. A trenta chilometri sud-ovest da Siena

### 2) Chi era Galgano Guidotti?
    a. Un cavaliere di famiglia nobile
    b. Un monaco
    c. Un pastore
    d. Un contadino

### 3) Perché Patrizia e Ferdinando visitano la chiesa il 21 Giugno?
    a. Perché vogliono sposarsi
    b. Per vedere il sole che illumina la spada
    c. Perché sono in ferie
    d. Perché sono in vacanza

### 4) Dove vanno dopo avere visitato la chiesa?
    a. In un ristorante
    b. Tornano a casa
    c. Vanno a visitare l'abbazia
    d. Vanno in macchina

## Answers

**1) D**
**2) A**
**3) B**
**4) C**

# Chapter 23

## Colpo grosso in aeroporto

Molti **prodotti di marca** vengono **spediti** in tutto il mondo via aerea, **caricando** la **merce** nella **stiva degli aerei** insieme ai **bagagli**.

**Ultimamente** all'aeroporto di Venezia si sono verificati molti **furti** in **magazzino**, sempre durante la notte. In particolare, i ladri **prendono di mira** le **spedizioni** di **occhiali da sole** prodotti da una famosa azienda della zona e ogni mattina Alessandro, il responsabile del magazzino, trova le **scatole aperte** e il contenuto **sparito** nel nulla.

L'**ispettore capo** Braghetto è stato incaricato di seguire le **indagini** e si incontra con Alessandro alla caffetteria Bussolà, **due piani sopra** il magazzino dell'aeroporto.

"Cosa posso portarvi?" chiede la cameriera.

"Due **caffè al vetro** e due **bustine** di **zucchero di canna**, grazie" risponde l'ispettore.

"Quante **confezioni** di occhiali sono state **rubate** la scorsa notte?" chiede Braghetto ad Alessandro.

"**Purtroppo** quasi tutte, è il furto più grosso da quando **hanno iniziato**" risponde il responsabile molto **demoralizzato**.

"**Non ti preoccupare**, abbiamo già fatto delle ricerche e ci **auguriamo** di trovare il **colpevole** molto presto. **Ci vediamo** in magazzino".
L'ispettore Braghetto inizia a lavorare con la sua **squadra** sulla **scena del crimine** sperando di trovare qualche **indizio** utile a rivelare l'identità del **ladro**, ma per il momento è tutto **pulito**, hanno fatto un **lavoro da professionisti**.

"Per oggi **basta così**, siamo tutti **stanchi**, riprendiamo domani" **ordina** Braghetto alla sua squadra.

Ma **prima** di tornare a casa l'ispettore fa un giro in magazzino **pensando** al possibile scenario e proprio vicino a una delle scatole **aperte** vede una bustina di zucchero **uguale** a quella che la mattina ha visto alla caffetteria.

"Che strano, possibile che i ladri siano andati a bere un caffè prima del furto? Di notte la caffetteria è **chiusa**..." si domanda Braghetto. "Andiamo a fare qualche **domanda** alla cameriera".

"Signorina Daniela **buonasera**, posso fare qualche domanda?"

"Certamente ispettore, mi dica" risponde la cameriera un po' **agitata**.

"Dove tenete le **scorte** per il bar? Caffè, liquori, **bottiglie** varie, bustine di zucchero..."

"**Teniamo** tutto in una **stanza giù** in magazzino, qui in caffetteria non abbiamo troppo spazio e con l'**ascensore** si fa presto a **scendere** e prendere **tutto quello che serve**".

"E **chi** ha le **chiavi** della stanza?" chiede l'ispettore.

"**Solo io**. Ogni sera **prima di chiudere** faccio l'inventario e porto su quello che **manca**" risponde Daniela.
"E fa tutto da sola? Non è un lavoro troppo pesante?"

"Spesso **mi aiuta** il mio fidanzato Alfredo, quando finisce il **turno** in fabbrica **viene a trovarmi** qui in caffetteria"

"La ringrazio, è stata molto **gentile**"

Dopo aver salutato Daniela, Braghetto telefona subito al commissariato per **segnalare** le informazioni ricevute e per far **seguire** Alfredo, convinto che possa essere l'autore dei furti, probabilmente con l'aiuto di altri **complici**.

E infatti l'**intuito** dell'ispettore Braghetto si è rivelato ancora una volta molto **acuto**. Le indagini hanno **scoperto** che Alfredo era **colui** che faceva entrare i ladri approfittando della **buona fede** di Daniela per scendere in magazzino e aprire la porta ai suoi complici che potevano agire **indisturbati**.

"A questo punto dobbiamo festeggiare" dice Braghetto alla sua squadra "Andiamo tutti a bere un bello **Spritz**, ce lo siamo **meritati**!"

## Riassunto della storia

Ultimamente nel magazzino dell'aeroporto di Venezia si sono verificati molti furti di occhiali da sole. L'ispettore capo Braghetto viene incaricato delle indagini e, dopo avere parlato con Alessandro, il responsabile di magazzino, inizia a controllare la scena del crimine insieme alla sua squadra per cercare degli indizi. Quando Braghetto trova una bustina di zucchero vicino alle scatole vuote decide di interrogare la cameriera della caffetteria che fornisce informazioni molto importanti per la cattura del colpevole.

## Summary of the story

Recently, in the warehouse of the airport in Venice, many thefts of sunglasses shipments have occurred. Chief inspector Braghetto is in charge of the investigation and after talking to Alessandro, the warehouse supervisor, he begins to check the crime scene with his team to look for some clues. When Braghetto finds a sugar packet near the empty boxes, he decides to question the coffee shop waitress who provides very important information to catch the guilty man.

## Vocabulary

- **Prodotti di marca:** Branded products
- **Spediti (verb spedire):** To send / to ship
- **Caricando (verb caricare):** To load
- **Merce:** Goods
- **Stiva degli aerei:** Aircraft hold

- **Bagagli:** Luggage
- **Ultimamente:** Recently
- **Furti:** Thefts
- **Magazzino:** Warehouse
- **Prendono di mira:** To target
- **Spedizioni:** Shipments
- **Occhiali da sole:** Sunglasses
- **Scatole aperte: Open boxes**
- **Sparito:** Disappeared
- **Ispettore capo:** Chief inspector
- **Indagini:** Investigation
- **Due piani sopra:** Two floors above
- **Caffè al vetro:** Coffee served in a glass
- **Bustine:** Packets
- **Zucchero di canna:** Cane sugar / brown sugar
- **Confezioni:** Packs
- **Rubate:** Stolen
- **Purtroppo:** Unfortunately
- **Hanno iniziato (verb iniziare):** To Begin (have begun)
- **Demoralizzato:** Demoralized
- **Non ti preoccupare:** Don't worry
- **Auguriamo (verb augurare):** To wish
- **Colpevole:** Guilty man
- **Ci vediamo:** See you
- **Squadra:** Team
- **Scena del crimine:** Crime scene
- **Indizio:** Clue
- **Ladro:** Thief
- **Pulito:** Clean
- **Lavoro da professionisti:** Professional job
- **Basta così:** It's enough
- **Stanchi:** Tired
- **Ordina (verb ordinare):** To order
- **Prima:** Before
- **Pensando (verb pensare):** To think

- **Aperte:** Open
- **Uguale:** Same
- **Chiusa:** Closed
- **Domanda:** Question
- **Buonasera:** Good evening
- **Agitata:** Nervous
- **Scorte:** Supplies
- **Bottiglie:** Bottles
- **Teniamo (verb tenere):** To keep
- **Stanza:** Room
- **Giù:** Down
- **Ascensore:** Lift / elevator
- **Scendere:** To go down
- **Autto quello che serve:** All that is needed
- **Chi:** Who
- **Chiavi:** Keys
- **Solo io:** Only me
- **Prima di chiudere:** Before closing
- **Manca (verb mancare):** To miss
- **Mi aiuta:** He helps me
- **Turno:** Shift
- **Viene a trovarmi:** He comes to see me
- **Gentile:** Kind
- **Segnalare:** To report
- **Seguire:** To follow
- **Complici:** Accomplices
- **Intuito:** Intuition
- **Acuto:** Sharp
- **Scoperto:** Discovered
- **Colui:** The one
- **Buona fede:** Good faith
- **Indisturbati:** Undisturbed
- **Spritz:** Typical venetian wine-based cocktail
- **Meritati (verb meritare):** To deserve

# Questions about the story

*Please choose only one answer for each question*

### 1) Cosa è stato rubato dal magazzino dell'aeroporto?
    a. Occhiali da sole
    b. Maglie di lana
    c. Borse di stoffa
    d. Scarpe di pelle

### 2) Dove si incontrano l'ispettore capo e il responsabile del magazzino?
    a. In magazzino
    b. In commissariato
    c. Alla caffetteria Bussolà
    d. Nel parcheggio dell'aeroporto

### 3) Qual è l'indizio che trova l'ispettore Braghetto?
    a. Una scarpa
    b. Una bustina di zucchero
    c. Un fazzoletto
    d. Un cappello

### 4) Chi aiutava i ladri a entrare in magazzino?
    a. Alessandro
    b. Daniela
    c. Braghetto
    d. Alfredo

## Answers

1) A
2) C
3) B
4) D

# Chapter 24

# I racconti della pineta

Sulla costa del **litorale** romano, vicino alla **foce** del Tevere e al moderno aeroporto di Fiumicino, si **trovano i resti** dell'**antico** porto **fluviale** di Ostia antica, utilizzato dai romani per far arrivare il **grano** alla città di Roma.

E poco più a sud troviamo Lido di Ostia, o semplicemente Ostia, che **prende il nome** dall'antico porto ed è **conosciuta** per i molti **stabilimenti balneari costruiti** all'inizio del **XX secolo**.

Katia lavora come **responsabile** di un **negozio di abbigliamento** in un **centro commerciale** e abita in un piccolo **casolare** vicino alla **pineta** di Castelfusano.

Durante tutto l'anno, dopo una **pesante** giornata di lavoro, Katia adora fare delle splendide **passeggiate** in compagnia del suo **cagnolino** Chili, un cocker spaniel dal carattere allegro e gioioso, **forte** e **sportivo** come la sua padrona. Quando **segue** una **traccia** la sua **coda** ha un movimento **incessante**, adora **correre, nuotare** e **giocare** con la sua padrona. Proprio per questo Katia lo ha **scelto**, è stato amore **a prima vista**! Chili era un **cucciolo** abbandonato che **cercava** una casa piena d'amore e Katia non ha resistito al suo **sguardo** dolcissimo. E adesso sono compagni **inseparabili**!

"**Andiamo** Chili, facciamo una passeggiata!" dice Katia al suo cagnolino.

"Bau, Bau!" risponde felice Chili. **Andare a spasso** è il suo **passatempo preferito** e **gironzolare** in pineta con mamma Katia è sempre una nuova avventura.
La pineta è un posto sereno, pieno di pace, un mondo magico dove si **respira** il profumo di **pini secolari** e di tutta la **Macchia Mediterranea**. **Cespugli** di **mirto, erica** e **ginestra** che rendono ogni passeggiata un'esperienza unica a contatto con la natura.

Qui abitano anche molti animali come il **picchio**, il **cinghiale**, il **tasso** e tantissimi **scoiattoli**! E in mezzo alla natura troviamo anche un'area archeologica d'**epoca** romana dove si può **camminare** sul **basolato** dell'Antica Via Severiana che **congiungeva** Ostia ad

Anzio e visitare i resti di una vera e propria villa con i suoi antichi mosaici....Un posto veramente particolare per sentire il contatto con la **storia** e con la natura, per rigenerarsi e **fare pace con sé stessi e con il mondo**.

"Oggi è proprio una splendida giornata!" pensa tra sé Katia. È quasi arrivata l'estate e dopo un periodo di pioggia è finalmente tornato a **splendere** il sole, fa **talmente** caldo che si potrebbe anche andare al mare.

Ad un certo punto Chili si ferma **all'improvviso**, rimane in silenzio e sembra leggermente **impaurito**.

"**Cosa c'è** Chili? **Cos'hai visto** tesoro?" chiede Katia al cagnolino guardandosi intorno.

Alcuni cespugli iniziano a **muoversi** e prima che Katia possa tornare indietro, un grosso cinghiale attraversa il **sentiero**. Tutti fermi e un po' **spaventati** si guardano negli **occhi**. Cosa vorrà fare il cinghiale? E lo stesso cinghiale sembra chiedersi se Katia e Chili siano **pericolosi**.

Dopo poco appaiono tre cuccioli di cinghiale che si rifugiano dietro la loro mamma.
Che **tenerezza**! Volevano solo attraversare il sentiero senza **nuocere** a nessuno!

Katia sorride a mamma cinghiale con uno sguardo pieno di **dolcezza**, per **farle capire** che può proseguire tranquilla la sua passeggiata.

E appena i cinghiali **scompaiono** nel **bosco**, Katia abbraccia il suo Chili per **tranquillizzarlo**.

"Non avere **paura** tesoro mio, è solo una bella famiglia come la nostra, che va a passeggiare tranquillamente in pineta" dice Katia con voce **rassicurante**.
La cosa importante è avere sempre **rispetto** della pineta e dei suoi abitanti, e avere rispetto della natura in generale per vivere tutti insieme in perfetta armonia.

"Dai, arriviamo fino al **mare** così fai un bel **tuffo**!" propone Katia con entusiasmo.

"Bau, bau, bauuuuu!" risponde Chili pieno di gioia! La paura è passata e ora è tempo di divertirsi tra le **onde**! Splashhhhh!

## Riassunto della storia

Katia è responsabile di in un negozio di abbigliamento in un centro commerciale nella zona di Ostia, sul litorale della costa romana vicino all'aeroporto di Fiumicino e alla pineta di Castelfusano. Dopo il lavoro ama passeggiare in pineta con il suo cagnolino Chili, un cocker spaniel molto vivace. Un giorno, durante la passeggiata, Katia e Chili incontrano un gruppo di cinghiali e dopo la paura iniziale si rendono conto della bellezza della natura e di come sia bello vivere tutti insieme in perfetta armonia.

## Summary of the story

Katia works as manager of a clothing store in a shopping centre in Ostia area, on the Roman coast near Fiumicino airport and Castelfusano pine forest. After work she loves to stroll in the forest with her little dog Chili, a very lively cocker spaniel. One day, during the walk, Katia and Chili meet a group of wild boars and after the initial fear they realize how beautiful nature can be and how great it is to live all together in perfect harmony.

## Vocabulary

- **Litorale:** Coastline
- **Foce:** Mouth of the river
- **Trovano (verb trovare):** To find
- **Resti:** Remains
- **Antico:** Ancient
- **Fluviale:** Fluvial
- **Grano:** Wheat
- **Prende il nome:** It takes its name
- **Conosciuta (verbo conoscere):** To know (known)
- **Stabilimenti balneari:** Bathing establishment
- **Costruiti (verb costruire):** To build (built)
- **XX secolo:** 20th Century

- **Responsabile:** In charge / manager
- **Negozio di abbigliamento:** Clothing store
- **Centro commerciale:** Shopping centre
- **Casolare:** Farmhouse
- **Pineta:** Pine forest
- **Pesante:** Heavy
- **Passeggiate:** Walks
- **Cagnolino:** Puppy / small dog
- **Forte:** Strong
- **Sportivo:** Sporting
- **Segue (verb seguire):** To follow
- **Traccia:** Track
- **Coda:** Tail
- **Incessante:** Unceasing
- **Correre:** To run
- **Nuotare:** To swim
- **Giocare:** To play
- **Scelto (verbo scegliere):** To choose (chosen)
- **A prima vista:** At first sight
- **Cucciolo:** Puppy
- **Cercava (verb cercare):** To look for
- **Sguardo:** Look / glance
- **Inseparabili:** Inseparable
- **Andiamo!:** Let's go!
- **Andare a spasso:** To go for a walk
- **Passatempo:** Hobby
- **Preferito:** Favourite
- **Gironzolare:** Walk around
- **Respira (verb respirare):** To breathe
- **Pini secolari:** Centuries-old pine trees
- **Macchia Mediterranea:** Mediterranean scrub / vegetation
- **Cespuglo:** Bush
- **Mirto:** Myrtle
- **Erica:** Heather
- **Ginestra:** Gorse

- **Picchio:** Woodpecker
- **Cinghiale:** Wild boar
- **Tasso:** Badger
- **Scoiattolo:** Squirrel
- **Epoca:** Era
- **Camminare:** To walk
- **Basolato:** Paved with basalt stone
- **Congiungeva (verb congiungere):** To connect
- **Storia:** History
- **Fare pace con sé stessi e con il mondo :** Make peace with ourselves and the world
- **Splendere:** To shine
- **Talmente:** Such
- **All'improvviso:** Suddenly
- **Impaurito:** Scared
- **Cosa c'è:** What's up / what's happening
- **Cos'hai visto:** What did you see
- **Muoversi (verb muovere):** To move
- **Sentiero:** Trail / path
- **Spaventati:** Scared
- **Occhi:** Eyes
- **Pericolosi:** Dangerous
- **Tenerezza:** Tenderness
- **Nuocere:** To harm
- **Dolcezza:** Sweetness
- **Farle capire:** To let her understand
- **Scompaiono (verb scomparire):** To disappear
- **Bosco:** Forest
- **Tranquillizzarlo (verb tranquillizzare):** To calm
- **Paura:** Fear
- **Rassicurante:** Reassuring
- **Rispetto:** Respect
- **Mare:** Sea
- **Tuffo:** Dive
- **Onde:** Waves

# Questions about the story

*Please choose only one answer for each question*

### 1) Dove abita Katia?
    a. In un appartamento in città
    b. In una casa al mare
    c. In un piccolo casolare vicino alla pineta
    d. In una casa in campagna

### 2) Dove vanno a passeggiare Katia e Chili?
    a. In pineta
    b. In città
    c. In collina
    d. In montagna

### 3) Perché Chili si ferma e rimane in silenzio?
    a. Ha visto un serpente
    b. Ha sentito i cinghiali dietro il cespuglio
    c. Ha sentito un gatto
    d. Ha visto un altro cane

### 4) Dove vanno dopo la passeggiata in pineta?
    a. Tornano a casa
    b. Vanno in negozio
    c. Vanno in città
    d. Vanno al mare

# Answers

1) C
2) A
3) B
4) D

# Chapter 25

# Ricette

## Spritz

Questo cocktail è preparato con del prosecco, un goccio di liquore amaro tipo Aperol, Campari o Cynar. Il bicchiere viene poi riempito con acqua minerale frizzante. Di solito è servito con del ghiaccio in un bicchiere da Martini o da vino e guarnito con una fetta di arancia, o a volte con un'oliva, a seconda del liquore utilizzato.
Alla salute!

## Spritz cocktail

The drink is prepared with prosecco wine, a dash of some bitter liqueur such as Aperol, Campari, Cynar, or, especially in Venice, Select. The glass is then topped off with sparkling mineral water. It is usually served over ice in a Martini glass or wine glass and garnished with a slice of orange, or sometimes an olive, depending on the liqueur. Cheers!

# Gnocchi al pomodoro

## Ingredienti

*Per gli gnocchi:*
4 patate gialle medie (con la buccia)
1 uovo
300 grammi di farina

*Per la salsa di pomodoro:*
4 cucchiai di olio extravergine d'oliva
2 spicchi d'aglio tritato
800 grammi di passata di pomodoro
4 cucchiai di Parmigiano grattugiato
4 foglie di basilico
Sale

Per preparare gli gnocchi, bollite le patate in una pentola grande per 40 minuti, finché sono tenere.

Scolate le patate e mettetele da parte a raffreddare, una volta raffreddate pelatele e schiacciatele finché morbide. Aggiungete l'uovo e la farina alle patate fino ad incorporarle. L'impasto dovrebbe risultare leggero, non appiccicoso né gommoso.

Per fare gli gnocchi, usate una piccola porzione di impasto e fate una stringa spessa circa 2 cms. Poi tagliatela in pezzetti da 2,5 cms e gli gnocchi sono pronti. Mettete un canovaccio pulito su un vassoio, spolveratelo con la farina e appoggiateci sopra gli gnocchi mentre preparate la salsa.

Per preparare la salsa di pomodoro scaldate l'olio in una padella a fuoco basso, aggiungete l'aglio e lasciatelo fino a quando inizia a diventare marrone.

Poi aggiungete la passata di pomodoro e sale secondo il vostro gusto.

Coprite la salsa e lasciate cuocere per 15 / 20 minuti a fuoco medio fino a quando la salsa sarà più densa; tenetela al caldo mentre cucinate gli gnocchi.

Per cucinare gli gnocchi mettete a bollire dell'acqua salata in una pentola grande, poi versate gli gnocchi e bolliteli fino a quando vengono a galla, circa 2 o 3 minuti; togliete gli gnocchi con un mestolo forato man mano che vengono a galla e versateli nella salsa di pomodoro. Mescolate aggiungendo il Parmigiano Reggiano e servite con le foglie di basilico. Buon appetito!

# Gnocchi with tomato sauce

## Ingredients

*For the gnocchi:*
4 medium yellow potatoes (skin-on)
1 egg
300 grams flour

*For the sauce:*
4 Tbsp extra-virgin olive oil
2 chopped garlic cloves
800 grams tomato puree
4 Tbsp grated Parmigiano Reggiano
4 basil leaves
Salt

To make the gnocchi, boil potatoes in a large pot for 40 to 50 minutes, until fork tender. Then drain and set potatoes aside to cool and once cooled, peel potatoes and mash until smooth. Stir egg and flour into the mashed potatoes until incorporated.
The dough should be light, not gooey or gummy.
To form the gnocchi, cut a small portion of dough and roll into a long rope about 2 cms thick. Then cut into 2,5 cms pieces and your gnocchi are done. Put a clean towel on a tray, sprinkle some flour on the towel and set the gnocchi aside while you make the sauce.
To make the tomato sauce, heat oil in a large pot over low heat; add the garlic and leave it until starts to brown.
Then add the tomato puree to the pot and season with salt, to taste.
Cover sauce and cook for 15 to 20 minutes over medium low heat until sauce starts to thicken; keep sauce warm while you cook the gnocchi.
To cook the gnocchi, bring a large pot of salted water to boil then pour gnocchi into the pot and boil until gnocchi floats, about 2 or 3 minutes; remove gnocchi with a slotted spoon as they start to float and transfer them to the hot tomato sauce.
Stir the Parmigiano Reggiano into the gnocchi and top with fresh basil to serve.
*Buon appetito!*

# Conclusion

Thanks for reading *5 Minute Italian Short Stories for Beginners*! We hope you have enjoyed all the stories and that your Italian has improved as a result!

Always remember that the purpose of this book is to make you enjoy the stories for what they are and provide you with more Italian vocabulary and knowledge.

As said before, the most important thing when you read our short stories, is to understand the general sense, the gist, without worrying about the grammar nor the smaller details. Then you read the story a second time and you check the words you did not get in the vocabulary or in your own dictionary. And one time after the other it will become easier and easier and you will be able to read and understand the whole story smoothly.

Different subjects were chosen to inspire you to continue reading each story and finish the book even feeling the desire to read it all over again…

We would love for you to feel at ease should you find yourself working in some office in Italy or just strolling around as a tourist. We like to think that reading our book made you feel part of the big Italian *famiglia* and see how beautiful it can be to travel to Italy and have many conversations in any possible situation.

Every short story has been written tapping into our own experience wishing to make you feel the real taste of Italy, like a real Italian. We have remembered the tales that our parents and grandparents told us before going to bed, real Italian memories put on paper to be shared with you aiming to make you feel our heart and learn many different way of sayings while smoothing your contact with the Italian everyday lifestyle as much as possible.

Many different verb tenses and conjugations have been mentioned to give you a good approach to common verbs in a mixture of present, past and future verb forms.

Here is a little reminder, using the verb *scrivere* (to write):

| | |
|---|---|
| Di solito scrivo | *I usually write* |
| Sto scrivendo | *I am writing* |
| Stamani ho scritto | *This morning I have written* |

| | |
|---|---|
| Due anni fa scrissi | *Two years ago I wrote* |
| Domani scriverò | *Tomorrow I will write* |

Keep in mind that as a beginner you only need to get the general sense of the phrase and understand the action of writing. After reading all the short stories we believe you have improved your capacity to recognize the different tenses and conjugations and that you will keep up the good work.

This book will remain with you as a reference text that you can always go back to and read again and again as a review session.

It will also be an useful basic tourist guide to suggest the exploration of few places in Italy you might enjoy…Siracusa, Torino, Parma, Ostia…The beautiful Abbazia di San Galgano near Siena…Or any place in the countryside where you can enjoy a relaxed vacation and experience the real Italian warmth and traditions!

Enjoy your book as many times as you wish, it was a pleasure assisting you in learning Italian...

*Arrivederci*!

Printed in Great Britain
by Amazon